DEINE SORGEN WAREN GESTERN

Carlos Mateo

IISBN-NUMMER: 9798489860802

Cover design by: Art Painter
Library of Congress Control Number: 2018675309
Printed in the United States of America

CONTENTS

Title Page

Copyright

Einleitung 3

Vorwort 4

Das Gesetz der Anziehung, der Magnet, der unser Leben verändern kann 7

Ihre Gedanken und das Gesetz der Anziehung 10

Leben Sie wirklich das Leben, das Sie leben wollen? 16

So ziehen Sie mühelos alles an, was Sie sich wünschen 18

Einführung in die Manifestation 27

Der Weg der Gewinner 30

Ein offensichtliches Manifestationsgeheimnis. 32

Lassen Sie Ihre Träume wahr werden 35

Warum hat mich mein perfekter Partner verlassen? 37

Kein Widerstand, sondern kreative Akzeptanz 43

Erlauben Sie sich Ihren Wunsch 47

Sie brauchen nur 51 % um zu glauben 51

Was ist das Gegenteil von Zweifel? 54

Das Gesetz der Anziehung in Beziehungen 57

Was ist das universelle Gesetz der Anziehung? 67

Das Gesetz der Anziehung kennt kein Nein oder nicht 72

Das Universum akzeptiert keine Fälschungen 76
Manifestieren Sie Ihre Wünsche 82
Manifestation ist das, was wir von Natur aus tun. 84
Die Spirale der Manifestation 87
Eine wahre Liebesgeschichte 91

Deine Sorgen waren gestern

heute erhalten sie die Schlüssel, um ihre Sorgen in Erfolge umzuwandeln

Carlos Mateo

EINLEITUNG

Die meisten Menschen machen sich über alles Sorgen, das geht den ganzen Tag so, und wenn sie am Abend Bilanz ziehen, wie viel Sorgen waren wirklich eingetroffen? Mein Freund machte sich jeden Tag Sorgen um alles Mögliche, und er sagte mir, keine meiner Sorgen sind wirklich eingetroffen. Als warum soll ich mir dann Sorgen machen?

Sorgen sind negative Gedanken, Sorgen machen Dich nervös, Du wartest ständig darf auf, dass sie eintreffen, aber das ist meines Erachtens unnötige Energie Verschwendung. Du kannst vor lauter Sorgen Dich nicht richtig konzentrieren, also wandele Deine negativen Sorgen, (positive Sorgen gibt es nicht), in positives denken um.

VORWORT

Wunder sind möglich

Befasse Dich mit dem Gesetz der Anziehung, schon unsere Vorfahren kannten dieses Gesetz und wendeten es an.

Das Gesetz der Anziehung gibt es nicht erst seit heute, es wurde schon vor Hunderten von Jahren von Wissenschaftlern und vielen Menschen genutzt, um das Universum zu bitten, Ziele, Wünsche und Träume zu erfüllen. Schon Voltaire hat nach diesem Gesetz gelebt.

Da Sie sich für dieses Buch interessieren, möchten Sie wahrscheinlich Ihr Leben zum Besseren verändern.

Vieles klingt ein wenig utopisch, wenn man sich zum ersten Mal mit dem Universum verbinden will, aber glauben Sie mir, ich hatte beim ersten Mal die gleichen Gedanken.

Nur wenige Seiten trennen Sie von den in diesem Buch beschriebenen Anleitungen, um das Universum für sich zu entdecken und Ihr zukünftiges Leben in Wohlstand und Frieden zu führen.

Sie sollen die in diesem Buch beschriebenen Anleitungen nutzen, bitten sie wie in diesem Buch beschrieben, das Universum, ihnen zu helfen, und Ihr Leben auf einen höheren Level zu heben. Sie sollen all das aus dem Universum bekommen, was sie sich wünschen. Vieles davon klingt utopisch für jemanden, der zum ersten Mal so eng mit dem Universum verbunden sein möchte, aber glauben Sie mir, es funktioniert. Seien Sie beruhigt, die allermeisten Menschen haben so etwas noch nicht gehört. Ich glaube, ich kann Ihre Gedanken lesen, wie kann so etwas funktionieren, aber beruhigen Sie sich, Ihre Gedanken oder besser Ihr Unterbewusstsein und die Energie Ihres Herzens sind notwendig, wenn Sie etwas in Ihrem jetzigen Leben ändern wollen. Hier haben Sie die Schlüssel zum Erfolg.

Aber Vorsicht, nicht nur Ihre Wünsche, nein auch Ihre Ängste oder Negativität können sich verstärken und erfüllen. Aber das möchten Sie sicher nicht.

Mir hat dieses Naturgesetz zu einem erfüllteren und besseren Leben verholfen, und ich bin überzeugt, dass es Ihnen ebenso ergehen wird.

Vor vielen Jahren hatte ich große Probleme, finanzielle Sorgen. Eine Situation, die ich niemandem wünschen würde, ich hatte völlig den Kopf verloren und sah wirklich keinen Ausweg mehr.

Eines Nachts träumte ich, dass eine Stimme zu mir sagte: „Es gibt immer einen Ausweg und einen Neuanfang, warum machst du dir das Leben so schwer? Akzeptiere deine Situation, dann wird es dir besser gehen, schicke alle deine Sorgen und Probleme an das Universum. Du wirst sehen, dein Leben wird wieder normal werden, du wirst alles in den Griff bekommen und einen guten und totalen Neuanfang machen“.

Am nächsten Morgen sagte ich mir, das war nur ein Traum, was sollte mir das bringen? Aber meine Gedanken kehrten immer wieder zu dem Traum zurück und ich sagte laut in meinem Wohnzimmer: „Liebes Unterbewusstsein, ich übergebe dir alle meine Sorgen und Probleme, mach damit, was du willst, ich will nichts mehr damit zu tun haben.”

Wie ging es weiter, er sagte mir: “von da an ging es mir besser, ich konnte wieder klar denken, bekam einige Tage später einen guten

Job und konnte alle meine Schulden bezahlen und ruhig und ohne Sorgen leben."

Auch ihre Sorgen können sich positiv verändern.

Denke, auch ich habe das recht, das all meine ehrlichen Wünsche erfüllt werden und ich kann ein neues Leben beginnen, hier haben sie die Lösung all ihrer Probleme und Sorgen ...

DAS GESETZ DER ANZIEHUNG, DER MAGNET, DER UNSER LEBEN VERÄNDERN KANN

Unsere Gedanken, Emotionen und Gefühle wirken wie ein starker Magnet und ziehen Umstände in unser Leben, ob wir wollen oder nicht. Ob diese Umstände positiv oder negativ sind, hängt ganz davon ab, wie wir denken!

Das Gesetz der Anziehung

Einfach ausgedrückt besagt das Gesetz der Anziehung, dass wir das, worauf wir unsere Gedanken richten, in unser Leben gezogen wird. Mit anderen Worten: Wenn wir uns überwiegend auf Fülle, Lösungen und positive Ergebnisse konzentrieren, werden wir genau das in unser Leben holen. Schön, nicht wahr!

Dieses Gesetz hat jedoch auch eine gefährliche Kehrseite: Wenn wir uns auf Mangel, Probleme und negative Ergebnisse konzentrieren, werden wir genau das anziehen.

Sie haben vielleicht schon von Earl Nightingale gehört. Earl, der heute als Vater der modernen Selbsthilfe bekannt ist, nahm Mitte der 1950er-Jahre in der Versicherungsbranche ein Tonband mit dem Titel „The Strangest Secret“ ("Das seltsamste Geheimnis)" auf. Der Zweck dieser Aufnahme war die Schulung seiner Mitarbeiter während seiner Geschäftsreise. Earls seltsamstes Geheimnis war einfach dieses:

„Wir werden zu dem, worüber wir die meiste Zeit nachdenken“.

Dieses „Geheimnis“ stimmt perfekt mit dem Gesetz der Anziehung überein und ist eine ständige Erinnerung daran, dass wir lernen müssen, unsere Gedanken zu kontrollieren. Um ehrlich zu sein, sind unsere Gedanken das Einzige im Leben, über das wir die volle Kontrolle haben. Die Herausforderung besteht darin, sie unter Kontrolle zu halten und sie nicht mit Negativität überschwemmen zu lassen.

Als Beispiel für die Macht des Gesetzes der Anziehung brauchen Sie nicht weiter als ihr Leben zu betrachten. Hatten Sie schon einmal einen dieser Tage, an denen alles schief zu gehen schien? Von der kalten Dusche über den verbrannten Toast bis hin zum Strafzettel auf dem Weg ins Büro, dem mürrischen Chef oder dem schwierigen Kunden – wir alle hatten schon solche Tage. Alles beginnt mit unserer Denkweise. Unsere Denkmuster ziehen die erste negative Erfahrung an. Dieses Erlebnis versetzt uns dann in eine negative Stimmung, die weitere „schlechte“ Situationen anzieht. Je mehr wir uns auf den „schlechten Tag“ konzentrieren, desto schlimmer wird er!

Die Lösung besteht darin, unseren Bezugsrahmen zu ändern. Nehmen Sie die negativen Emotionen und wandeln Sie sie entweder in positive oder zumindest neutrale um. Suchen Sie in jeder Situation nach einer Lösung. Wenn wir lernen, über uns selbst zu lachen, ist das ein weiterer guter Weg, unseren Bezugspunkt zu ändern. Wenn wir den Kreislauf der Negativität durchbrechen, werden sich die Dinge fast sofort ändern.

Was können wir tun, um das zu erreichen?

Es gibt drei Dinge, die Sie sofort tun können, um die unglaubliche Stärke des Gesetzes der Anziehung zu nutzen:

1. Stellen Sie sich die Frage: „Konzentriere ich mich auf Mangel oder Fülle (oder anders ausgedrückt, bin ich problem- oder lösungsorientiert?)". Ändern Sie Ihre Gewohnheiten und Denkmuster, um positiver und lösungsorientierter zu werden.

2. Übernehmen Sie die volle Verantwortung für alles, was in Ihrem Leben geschieht, ob gut oder schlecht. Sie haben sowohl das Gute als auch das Schlechte angezogen. Wenn Sie also die Verantwortung übernehmen, können Sie die freie Entscheidung treffen, Ihr Denken zu ändern.

3. Positives Denken allein wird nicht alle Ihre Probleme lösen, aber es ist eines von vielen Dingen, die wir alle umsetzen können, um das Leben zu leben, das wir uns wünschen.

IHRE GEDANKEN UND DAS GESETZ DER ANZIEHUNG

Das Gesetz der Anziehung öffnet das Universum für Sie

Das Gesetz der Anziehung besagt, dass Gleiches von Gleichem angezogen wird. Vieles von dem, was früher als metaphysisches, esoterisches Wissen galt, ist heute Gesetz der Anziehung – Das Geheimnis des kosmischen Gesetzes: der fehlende Schlüssel, um endlich das Universum zu erschließen und Ihre Wünsche zu manifestieren, ist eine wissenschaftliche Tatsache.

Leben wir nach dem Sprichwort: „Wenn du keinen Erfolg hast, versuche es noch einmal".

Aber denken Sie zuerst daran: weiterzumachen, wenn Sie darüber nachgedacht haben, warum bin ich gescheitert, warum hatte ich keinen Erfolg? Es führt nur zu weiteren Misserfolgen, wenn man ohne eine Lösung weitermachen will. Die Fähigkeit, etwas zu schaffen, ist ein Geschenk Gottes. Eine Gabe, die jedem von uns universell gegeben ist. Der Gedanke ist der erste Schritt zur Manifestation einer Schöpfung. Gedanken sind Energie, sie sind real. Ihre Gedanken wirken wie Magnete und ziehen andere Gedanken, Menschen und Umstände an, die mit ihnen harmonieren.

Gedanken handeln und halten sich an bestimmte universelle Gesetze. Ohne diese Gesetze gäbe es keine Ordnung; das Universum selbst würde im Chaos versinken.

Das Gesetz der Anziehung besagt, dass Gleiches, gleiches anzieht. Vieles von dem, was früher als metaphysisches oder esoterisches Wissen galt, ist heute eine wissenschaftliche Tatsache. Die Physik hat gezeigt, dass die im Gesetz der Anziehung enthaltenen Grundsätze ebenso gültig sind wie die des Gesetzes der Schwerkraft. Es ist daher nicht verwunderlich, dass die Beschäftigung mit den eigenen Problemen nur zu noch mehr Problemen führt.

Der Gedanke, dass ich erfolgreich sein will, ist sehr verlockend, wenn man darüber nachdenkt. So verlockend, dass man den falschen Eindruck gewinnen kann, dass es einfach wäre.

Affirmationen können hilfreich sein, aber sinnlose Affirmationen allein haben keinen wirklichen Wert. Sobald eine Affirmation jedoch Teil Ihres Glaubenssystems wird, macht sich das Unterbewusstsein an die Arbeit und zieht Chancen an. Es ist nicht der Erfolg selbst, den wir anziehen, sondern die Gelegenheit zum Erfolg. Unsere Welt wird von Ursache und Wirkung beherrscht, aber wir sehen oft nicht, dass diese Regel auch für die Gedanken gilt, die wir denken. Dies geschieht, weil die Ergebnisse unserer Gedanken so weit von der Ursache entfernt sind, dass wir den Zusammenhang nicht sehen können. Das Unterbewusstsein arbeitet unermüdlich 24 Stunden am Tag. Es analysiert nicht, urteilt nicht, akzeptiert einfach und zieht mehr von dem an, worauf sich der bewusste Verstand konzentriert. Ziehen Sie Probleme oder Lösungen an? Denken Sie darüber nach.

Wenn Sie sich auf den Wunsch und die Dankbarkeit für das, was Sie bereits haben, konzentrieren, erhält das Unterbewusstsein das nötige Material, um einen ständigen Strom von Möglichkeiten zu bieten. Ob wir diese Möglichkeiten wahrnehmen oder nicht, ist eine andere Geschichte.

Es ist unmöglich, sich dem Gesetz der Anziehung zu entziehen. Bewusst oder unbewusst bestimmen Ihre Gedanken, Gefühle und Emotionen, ob dieses Gesetz für oder gegen Sie arbeitet. Konzentrieren Sie sich auf den Erfolg und das Erreichen Ihrer Ziele. Wenn ein Erfolg zum anderen führt, wird der Erfolg zur Gewohnheit. Probleme und Hindernisse sind nichts weiter als Trittsteine auf dem Weg zum Ziel.

Die 3 Schlüssel für alle engagierten Menschen

Dies sind die Schlüssel zum Universum

Lernen Sie, wie der Wunsch die treibende Kraft hinter allen Handlungen, Prozessen und Ereignissen ist.

Das Verlangen ist ein zwingender Schlüssel zu Ihrer Geisteskraft.

Sie müssen nicht nur wissen, was Sie wollen, sondern Sie müssen es auch stark genug wollen und bereit sein, sich anzustrengen, um es zu erreichen. ...

Und um dies zu erreichen, müssen Sie einfach ein starkes und intensives Verlangen nach dem, was Sie erreichen oder erlangen wollen, entwickeln.

Sie müssen ein Verlangen entwickeln, das so stark ist, dass Sie all Ihre Kraft und Energie einsetzen, um Ihr Ziel zu erreichen.

Das Verlangen sollte wie eine Energie sein, die nach Zielen strebt, eine Art eingebauter Magnet, der die Mittel hat, alles anzuziehen, was für Sie notwendig ist. Dies kann auf zweierlei Weise für Sie arbeiten, sowohl als „Erfolgsmagnet“ als auch als „Misserfolgs Magnet“. Misserfolg zieht der Magnet nur an, wenn sie keine Kontrolle über ihre positiven Gedanken haben. Setzen Sie sich nur positive Ziele ...

Kaum jemand weiß, wie man ein starkes, engagiertes Verlangen erzeugt und aufrechterhält. Meistens begnügen sich die meisten mit einem einfachen „Wollen“ oder sogar einem leichten „Wollen“ und schaffen es nicht, ein starkes, intensives und anhaltendes Verlangen in die Tat umzusetzen.

Wenn Sie sich den Werdegang einer Person ansehen, die sowohl berühmte als auch wunderbare Dinge erreicht hat, werden Sie feststellen, dass es bei diesen einen starken und anhaltenden Wunsch gab und gibt, erfolgreich zu sein.

Du siehst, dass die meisten Menschen, die erfolgreich sind, erst dann erfolgreich werden, wenn sie es viele, viele Male versucht haben und niemals aufgegeben haben!

Alle coolen Leute haben die 3 Schlüssel ...

1. sie WISSEN genau, was sie wollen = (Glaube, Begeisterung)

2. Sie wollen es deutlicher = (Wunsch)

3. Sie sind entschlossen, es zu bekommen = (Wille)

Nur diese drei Dinge unterscheiden die Männer und Frauen, die ein starkes Gefühl von Zielstrebigkeit, Entschlossenheit und Verlangen haben, vom Rest von uns, der nur „etwas will“.

Ein starkes Verlangen kann einen enormen Einfluss auf alle Ihre geistigen Fähigkeiten haben und sie dazu bringen, alle ihre Kräfte und Energien für Sie einzusetzen.

Tatsächlich würden Sie ohne Verlangen überhaupt nicht viel denken, weil es kaum ein Motiv dafür gäbe ... Du würdest auch keine Handlungen ausführen, weil es keinen Grund dafür gäbe. Das Verlangen ist der „Motor des Handelns“ – sowohl des geistigen als auch des körperlichen Handelns.

Die Stärke Ihrer Arbeit, ob geistig oder körperlich, wird durch das Maß an Verlangen bestimmt, das Sie für das Ziel, den Gegenstand oder das Ergebnis dieser Arbeit haben.

Je mehr Sie sich etwas wünschen ... je mehr Sie etwas wollen, desto härter werden Sie dafür arbeiten und desto leichter wird Ihnen diese Arbeit erscheinen.

Sie werden sehen, jede Aufgabe, die Sie im Rausch oder unter dem Anreiz eines starken Verlangens ausführen, wird Ihnen viel leichter erscheinen – als die gleiche Aufgabe, die Sie ohne einen solchen Einfluss, Anreiz oder Ermutigung ausführen. Verlangen und Zuneigung sind die beiden Hauptgründe, warum wir beeinflusst oder gezwungen werden, „Dinge zu tun".

Wäre unser Verlangen oder unsere Zuneigung aus einem unbekannten Grund nicht vorhanden, gäbe es keine Handlung – denn es gäbe kein Motiv, keinen Grund für eine solche Handlung oder das Tun von etwas. ... ...

Meistens handeln wir also nur, weil wir „müssen" oder vielleicht ein wenig „mögen", aber ohne starkes Verlangen oder Zuneigung wären wir nicht in der Lage, Entscheidungen zu treffen – das heißt, wir würden keine Handlungen ausführen. Wir sehen also, dass das Verlangen die treibende Kraft hinter dem Handeln ist.

Nimmt man diese treibende Kraft weg, dann gibt es keine Aktivität oder Bewegung. Ohne dieses „Wollen" und „Tun" gäbe es keinen „Willen zum Tun" und das würde dazu führen, dass „nichts getan wird".

Alles, was wir tun, wird in einer Form durch Begehren ausgelöst. Es wäre für uns unmöglich, ohne Verlangen zu bleiben und trotzdem auf die eine oder andere Weise zu handeln – oder überhaupt zu handeln.

Das Verlangen ist die treibende Kraft hinter jeder Handlung; es ist die atmende Kraft hinter allen natürlichen Aktivitäten, Prozessen und Ereignissen. Wir können leicht lernen, Meister unseres Verlangens zu werden, anstatt von ihm beherrscht zu werden.

Aber bevor wir das tun, müssen wir es zuerst wünschen – wir müssen den Wunsch haben, zu beginnen, zu erreichen und zu beenden, was immer wir in unserem Leben erreichen wollen.

LEBEN SIE WIRKLICH DAS LEBEN, DAS SIE LEBEN WOLLEN?

Sie bekommen alles, wovon Sie träumen, wenn Sie. ...starkes Verlangen danach haben.

Dieser Artikel erklärt die Manifestation und das Gesetz des Überflusses. Er beschreibt, wie Sie die Macht haben, alles zu manifestieren, was Sie sich wünschen.

Einige der Dinge, die sich Menschen am meisten wünschen oder die sie in ihrem Leben verbessern möchten, sind Geld, eine liebevolle Beziehung, ein erfolgreicher Job, gute Gesundheit, ein schönes Haus und ein neues Auto. Die meisten Menschen träumen nur von diesen Dingen, bekommen sie aber nie wirklich. Was die Menschen nicht wissen, ist, dass sie all diese Dinge durch die Kraft der Manifestation bekommen können.

Das Manifestieren von Wünschen ist eine Wissenschaft. Es gibt Gesetze, die den Prozess der Manifestation von Wünschen scheinbar aus dem Nichts regeln. Wenn diese Gesetze befolgt werden, kann jeder seine Träume verwirklichen. Manchen mag das unglaublich erscheinen, aber in Wahrheit ist es sehr real

.

Das Gesetz des Überflusses

Alles, was Sie sich wünschen, beginnt in Ihrem Geist, und es ist Ihr Geist, der diese Gedanken zum Leben erweckt. Ihr äußeres Erscheinungsbild ist die Manifestation Ihres Denkens. Um die Dinge zu bekommen, die Sie sich wünschen, müssen Sie sich also zunächst darauf konzentrieren. Wichtige Fähigkeiten zur Selbstermächtigung helfen Ihnen, einen Gedanken mental in eine materielle Manifestation zu verwandeln. Sie lernen, wie Sie Ihre Erwartungen ändern können, um Ihr Leben zu ändern. Wir leben in einem Universum des Überflusses, obwohl die meisten anderen es als ein Universum des Mangels zu betrachten scheinen. Andere Gedanken wie „andere sind talentierter, verdienter und begabter als ich" hindern Sie nur daran, in Fülle zu leben. Wenn Sie die gleichen Gedanken haben, machen Sie sich keine Sorgen, es gibt Hoffnung für Sie! Mit diesen Gesetzen können Sie Fähigkeiten erlernen, um Ihre Selbstverwirklichungskräfte zu aktivieren und in Wohlstand, finanzieller Freiheit und Erfolg zu leben.

Wohlstand bedeutet nicht nur die Anhäufung von materiellem Reichtum. Glück, Seelenfrieden, Harmonie, optimale Gesundheit, liebevolle Beziehungen und ein starkes Gefühl für Ihr wahres Selbst. Sie sind ebenfalls Teil dieses universellen Reichtums. Dieser Reichtum kommt nur dann in das Leben eines Menschen, wenn er seinen freien Fluss von ihm und durch ihn ermöglicht. Es gibt andere Möglichkeiten, die Fülle in Ihrem Leben zu erhöhen. Nehmen Sie sich mehr Zeit für Ihren Tag, vereinfachen Sie ihn oder verändern Sie die Welt. Ehrenamtliche Arbeit und Meditation sind unter anderem gute Wege, um die Fülle zu erhöhen. Seien Sie aufgeschlossener und offener für neue Möglichkeiten. Versuchen Sie, sich nur mit positiven Einflüssen wie Menschen und Dingen zu umgeben.

Übernehmen Sie die Kontrolle über Ihre Gedanken und manifestieren Sie Ihre Wünsche noch heute!

SO ZIEHEN SIE MÜHELOS ALLES AN, WAS SIE SICH WÜNSCHEN

Seien Sie einfach unwiderstehlich …

Wie Sie mühelos alles anziehen, was Sie sich wünschen!

1. Schaffen Sie ein Umfeld, das Sie auf natürliche Weise anzieht, sodass Dinge wie Engagement und Disziplin optional sind. Vorwärts gezogen zu werden ist attraktiv, vorwärts geschoben zu werden ist es nicht.

2. Überreagieren Sie auf jedes Ereignis. Indem du überreagierst, anstatt zu übertreiben, entwickelst du dich weiter, was sehr attraktiv ist.

3. Bauen Sie in jedem Bereich Ihres Lebens Reserven auf. Genug zu haben ist nicht annähernd genug, um unwiderstehlich attraktiv zu sein. Hören Sie auf, Ihr Leben mit Adrenalin zu verbringen.

4. Schaffen Sie Werte nur zum Vergnügen. Wenn Sie einen Mehrwert schaffen, nur weil es Ihnen Spaß macht, werden sich die

Menschen auf natürliche Weise zu Ihnen hingezogen fühlen.

5. Vermarkten Sie Ihre Talente schamlos. Wenn Sie sich für das, was Sie tun, schämen, werden Sie nicht sehr attraktiv sein.

6. Werden Sie für sich selbst unwiderstehlich attraktiv. Wie können Sie andere anziehen, wenn Sie nicht unwiderstehlich attraktiv für sich selbst sind?

7. Sorgen Sie für ein erfülltes Leben, nicht nur für einen beeindruckenden Lebensstil. Ein guter Lebensstil ist attraktiv, Lebensstile können verführerisch sein.

8. Halten Sie doppelt so viel, wie Sie versprechen. Wenn Sie konsequent mehr liefern als erwartet, werden neue Kunden von Ihnen angezogen.

9. Hängen Sie Ihren Hut an die Zukunft. Anziehung funktioniert in der Gegenwart, nicht in der Zukunft.

10. Eliminieren Sie Verzögerungen. Zeit ist teuer und Verzögerung ist sehr unattraktiv.

11. Erfüllen Sie Ihre persönlichen Bedürfnisse ein für alle Mal. Wenn Sie unerfüllte Bedürfnisse haben, werden Sie andere anziehen, die sich in der gleichen Lage befinden. Bedürfnisse sind nicht optional. Erstellen Sie einen Plan!

12. Dulden Sie nichts. Wenn Sie etwas dulden, wird es Sie Ihren Ruf kosten. Der Preis dafür ist teuer und sehr unattraktiv.

13. Zeige anderen, wie sie dir gefallen könnten. Lass sie nicht im Ungewissen.

14. Unterstütze deine schlimmste Schwäche und deinen schlimmsten Schatten. Wenn du den schlimmsten Teil von dir akzeptierst und ehrst, bist du frei, andere mehr zu akzeptieren.

15. Sensibilisiere dich. Je mehr du fühlst, desto mehr nimmst du die vielen subtilen Möglichkeiten in der Gegenwart wahr und re-

agierst darauf.

16. Perfektioniere dein Umfeld. Schaffen Sie sich ein Umfeld, das Sie zum Strahlen bringt, und nicht eines, das Sie erschöpft.

17. Erkenne, wie perfekt die Gegenwart wirklich ist, besonders wenn sie es offensichtlich nicht ist.

18. Orientieren Sie sich ausschließlich an Ihren Werten. Wenn Sie Ihre Tage damit verbringen, das zu tun, was Sie erfüllt, sind Sie ein Magnet für Anziehung.

19. Vereinfachen Sie alles. Verzichten Sie auf Unnötiges und schaffen Sie Raum, um sich selbst zu präsentieren.

20. Beherrschen Sie Ihr Handwerk. Der beste in dem zu sein, was man tut, ist der einfachste Weg zum Erfolg.

21. Erkenne und sage die Wahrheit. Die Wahrheit ist das Schönste von allem und erfordert Geschick und Bewusstsein.

22. Sei mehr Mensch. Wenn Sie echt sind, sind Sie attraktiv.

Sind Sie ein Coaching-Kandidat?

1. Verbringen Sie Ihren Tag damit, Brände zu löschen?

2. Sind Sie besorgt, dass Ihr Unternehmen mit maximaler Rentabilität läuft?

3. Führen Sie Ihr Unternehmen am Rande des Abgrunds?

4. Treten immer wieder die gleichen Probleme auf?

5. Fällt es Ihnen schwer, jemanden zu finden, dem Sie vertrauen und der Ihnen eine objektive Sichtweise vermittelt und an dem Sie Ihre Ideen abprallen lassen können?

6. Läuft Ihr Unternehmen ohne Sie?

7. Haben Sie das Gefühl, dass Sie nicht alle Gelegenheiten in Ihrem Leben ausschöpfen können?

8. Erleben Sie Höhen und Tiefen in Ihrem Unternehmen?

9. Leben Sie wie ein einsamer Ranger?

10. Lassen Sie sich von Ihren Zielen und Absichten ablenken?

11. Fehlt Ihnen ein klarer, messbarer Aktionsplan, um Ihre Ziele zu erreichen?

12. Oder es fehlt Ihnen an Struktur

13. Fehlt es Ihnen an innerer Erfüllung?

14. Verbringen Sie die meiste Zeit des Tages damit, „in" Ihrem Unternehmen zu arbeiten, anstatt „an" ihm?

15. Sind Sie ein Workaholic?

16. Haben Sie ein Ungleichgewicht in Ihrem Leben und Ihrem Geschäft?

17. Sind Sie entschlossen, sich und Ihr Unternehmen weiterzuentwickeln?

18. Sind Sie coachbar? (Sind Sie bereit, den Standpunkt einer anderen Person zu hören und darauf einzugehen)?

19. Fehlt Ihnen ein klarer Finanzplan für Ihre Zukunft?

20. Sind Sie bereit, ehrlich zu sein und Ihre Integrität wiederherzustellen?

* Wenn Sie mehr als drei dieser Fragen mit Ja beantwortet haben, könnte ein Coach für Sie von Nutzen sein.

Fragen, die ein Coach Ihnen stellen kann:

So ziehen Sie mühelos alles an, was Sie sich wünschen

* Welche fünf Optionen lassen Sie auf dem Tisch liegen?

* Wie können Sie Ihre berufliche Beziehung sabotieren?

* Wie sind Sie in der Vergangenheit motiviert worden, schwierige Ziele zu erreichen oder schwierige Entscheidungen zu treffen? Wie können wir diese Motivation jetzt am besten nutzen?

* Wie würden Sie es anders machen, wenn Sie bereit wären, es einfach zu tun?

* Was würde passieren, wenn Sie ab dieser Woche in jedem Aspekt Ihres Lebens zehnmal mutiger auftreten würden?

* Was sind die 10 Dinge, die Sie tolerieren oder in Kauf nehmen, die Sie daran hindern, Ihr Bestes zu geben?

Fühlen Sie sich sicher

Wie Sie sich auf Ihren Wunsch konzentrieren

Ich erhalte oft E-Mails von Menschen, die das Gesetz der Anziehung kennen und anwenden, sich aber nicht sicher fühlen. Sie sind sich darüber im Klaren, was sie wollen. Sie konzentrieren sich auf ihren Wunsch und doch scheint er so langsam zu kommen oder völlig unerreichbar zu sein.

Hier ist ein Beispiel für eine solche E-Mail: „Ich habe in den letzten drei Monaten versucht, einen guten Partner in mein Leben zu bekommen und habe mich wirklich darauf konzentriert. Ich habe positive Aussagen an meinen Badezimmerspiegel geklebt, mit positiven Zitaten wie 'Ich bin mit einem wunderbaren Menschen verheiratet usw.'. Ich habe auch jeden Morgen, Mittag und Abend eine positive Affirmation gelesen, dass ich einen tollen Partner finden würde. Aber nichts geschah!

Hier sind drei Dinge, die Sie in Betracht ziehen können.

1. Die Zeit existiert hier auf der Erde nur für uns Menschen. Die Quantenphysik lehrt uns das; jedes Ereignis, jede Erfahrung, jede Möglichkeit existiert zur gleichen Zeit – im JETZT – die Menschen haben die Zeit erfunden: die Vergangenheit, die Gegenwart und die Zukunft, um eine Art Ordnung in diese Erfahrungen zu brin-

gen. Religionen nennen dies Ewigkeit – der Ort, an dem die Zeit keinen Anfang und kein Ende hat.

2. Sobald Sie Klarheit über Ihren Wunsch haben und mit dem geistigen Bild und den guten Gefühlen, die Sie haben, zufrieden sind, meldet sich das Gesetz der Anziehung laut und deutlich bei Ihnen und setzt den Prozess der Hingabe in Gang. Wenn Sie nichts anderes tun und alles kristallklar präsentieren, werden Sie Ihren Wunsch auf die einfachste und effizienteste Weise erhalten.

3. Das Gesetz der Anziehung hört nicht wirklich auf Ihre Worte, aber es merkt, wie Sie sich tatsächlich fühlen, Ihr Wunsch ist sehr groß. Wenn Sie Aussagen machen, die nicht wahr sind, wie z. B. „Ich habe einen wunderbaren Ehepartner“ – wenn Sie das tun, erhält das Gesetz der Anziehung einfach die entgegengesetzte Schwingung von „Ich habe keinen Ehepartner“. Je mehr Affirmationen Sie machen, desto mehr heben Sie mit Ihrem Wunsch diese entgegengesetzte Schwingung auf. Was sollten Sie also mit diesem Wunsch tun, über den Sie sich so klar waren? “Bleiben Sie in der Peripherie und nicht in seinem Fokus“. “Erlauben”bedeutet, auf dem Weg zu bleiben, während du dem Gesetz der Anziehung erlaubst, deinen Wunsch zu erfüllen”.

Ich bin pleite, also hilf dir selbst und werde reich durch das Gesetz der Anziehung.

Das ist nichts Neues und kann jedem passieren

Wenn Sie dies gerade lesen, sind Sie wahrscheinlich pleite, waren pleite oder kennen jemanden, der in Schwierigkeiten ist, weil er pleite ist. Der Schmerz und das Leiden in diesem Zustand ist wirklich schrecklich. Pleite bedeuten Gedanken der Verzweiflung, Gefühle des Versagens, Verzweiflung, Kampf, Mangel und Not.

Wenn wir pleite sind, können wir unser Potenzial nicht ausschöpfen, und wenn wir unser Leben frei leben, können wir nicht reich sein.

Wie ist das möglich? Gleiches zieht Gleiches an. Wenn man pleite ist, zieht man noch mehr Erfahrungen des Pleite-Seins an. Es ist ein Teufelskreis, der mühelos umgewandelt werden kann, wenn wir die grundlegenden Gesetze verstehen, wie unser Geist und unsere Seele mit dem Universum interagieren.

Es ist Ihr Zustand, in diesem Fall „Sie sind pleite", und pleite zu sein, erzeugt negative Gedanken und Gefühle in Ihrem Geist. Als Paket wird diese ganze Botschaft an das Universum gesendet, das Ihnen im Gegenzug weitere Erfahrungen des Pleite-Seins beschert.

Eines der Gesetze der Manifestation besagt, dass wir SEIN müssen, bevor wir TUN können, und TUN, bevor wir HABEN können. Natürlich hat die moderne Gesellschaft dies alles verdreht. Pleite zu sein ist eine kraftvolle Botschaft, die wir an das Universum und an uns selbst senden. Wir befinden uns in einem Zustand des SEINS, und der ist pleite. Das wird unsere Handlungen dahin gehend beeinflussen, dass wir weiterhin pleite sind, und wir werden weiterhin den Zustand des Pleite-Seins in unserem Leben haben.

Ihre Lebenserfahrung ist ein äußeres Spiegelbild Ihrer inneren Realität. Alle Gedanken und Gefühle, die Sie bewusst und unbewusst haben, erschaffen die Erfahrung, die Ihr Leben ist. Ihre Vergangenheit hat Ihre Gegenwart erschaffen und Ihre Gegenwart erschafft Ihre Zukunft.

Es kann schwer zu verstehen sein, dass wir für das, was wir erleben, verantwortlich sind. Ich erinnere mich, wie ich unglücklich war und dann Ereignisse erlebte, die mich unglücklich machten. Dann sagte ich mir: „Ich bin unglücklich wegen dieser ... kein Wunder, dass ich unglücklich bin. Ich war in meinem eigenen Teufelskreis gefangen und hatte keine Ahnung, dass ich für meine unglücklichen Erfahrungen verantwortlich war.

Um den Kreislauf zu durchbrechen, musste ich zuerst wissen, was kaputt war, um es zu reparieren. Es war die Botschaft, die ich aussandte. Ich fand heraus, dass es einen einfachen Weg gab, das Problem zu lösen, aber das war nicht einfach.

Wenn ich eines Tages erkenne, dass ich unglücklich bin und verstehe, dass das Unglücklichsein die Ursache dafür ist, dass ich weiterhin unglücklich bin, kann ich an diesem Tag beschließen, mich zu ändern. Alles, was ich tun muss, um den Kreislauf zu durchbrechen, ist: mich zu entscheiden, glücklich zu sein. Es braucht nichts von außen, um glücklich zu sein. Alles, was ich tun muss, ist, mir dessen bewusst zu werden, innezuhalten und den Zustand des Glücks aus mir herauszuholen, um das Unglücklichsein zu ersetzen. Wir alle haben diese Fähigkeit.

Die Wahl ist eine Übung des freien Willens. Sie können wählen, glücklich, gesund, reich zu sein, was immer Sie wollen. Nehmen Sie sich einen Moment Zeit und seien Sie einfach glücklich. Es ist für jeden möglich, eine überzeugende Übung zu machen, wenn man sie einmal gemacht und verstanden hat. Wenn Sie glücklich sind, werden Sie Dinge tun, die Sie glücklich machen, und Sie werden glückliche Erfahrungen in Ihr Leben ziehen. Glücklich zu sein ist der erste Schritt zu einem glücklichen Leben. Es scheint fast wie ein Mysterium, aber wenn Sie es verstehen, werden die Geheimnisse des Lebens enthüllt.

Wenn Sie pleite sind, schauen Sie in sich hinein. Du wirst feststellen, dass du dich pleite fühlst und dich in einem kraftvollen Zustand des SEINS befindest. Wenn du dir dessen bewusst bist, hast du die Wahl. Du kannst deinen Seinszustand wählen. Stellen Sie sich vor, wie es ist, sich reich zu fühlen. Nehmen Sie dieses Gefühl und halten Sie es fest, Sie sind jetzt reich. Auf diese Weise können Sie den Teufelskreis des Pleite-Seins durchbrechen. Indem Sie reich sind, transformieren Sie die Signale, die Sie aussenden. Sie strahlen Reichtum aus, und die Gesetze von Ursache und Wirkung haben keine andere Wahl, als Ihnen das zu bringen, was Sie bereits sind. Jetzt werden Ihre Handlungen beginnen, Ihnen den Reichtum zu bringen, den Sie in sich spüren.

Wenn ihr euch eurer Zustände bewusst seid, könnt ihr sie ändern. Die positiven Ergebnisse werden zweifellos zu Ihnen zurückkommen, gemäß den natürlichen Gesetzen des Universums.

EINFÜHRUNG IN DIE MANIFESTATION

Wie Sie lernen, Ihren Geist positiv zu stimmen

Unsere Erinnerungen können glücklich oder traurig sein, aber die Vergangenheit ist Vergangenheit. Sie ist vergangen. Die Zukunft ist unbekannt, aber wir erschaffen unsere Zukunft jetzt. Was immer wir jetzt denken, wird sich in der Zukunft manifestieren. Wenn wir also über unsere Probleme, Geldmangel und schwierige Situationen nachdenken, wird unsere Zukunft so aussehen. Wenn wir darüber nachdenken, wie wir über die Runden kommen, wird es geschehen. Wir werden gerade so über die Runden kommen.

Haben Sie jemals darüber nachgedacht, wer Sie sind? Sind Sie der Körper, den Sie jeden Tag im Spiegel sehen? Natürlich bist du das nicht. Dein Körper verändert sich ständig. Er ist heute anders als noch vor zehn oder zwanzig Jahren. Einigen Wissenschaftlern zufolge werden die Zellen in unserem Körper ständig durch neue ersetzt. Obwohl die Meinungen der Wissenschaftler auseinandergehen, sind sich die meisten einig, dass wir alle sieben Jahre einen völlig neuen Körper haben. Keine einzige Zelle gleicht der anderen.

Die meisten Menschen haben jedoch intuitiv das Gefühl, dass ihr Körper nicht derselbe ist. Wenn jemand stirbt, sagen sie, er sei nicht mehr da. Was bleibt dann übrig? Aber der Körper ist noch da.

Kennen Sie Ihren Geist? Sie können Ihren Geist beobachten. Sie können herausfinden, woran Sie gerade denken. Vielleicht lesen Sie gerade diesen Artikel, aber Sie denken an etwas anderes? Kommt Ihnen das nicht bekannt vor? Sie können beobachten, wie Ihr Geist funktioniert, Sie sind also nicht Ihr Geist.

Aber die meiste Zeit über beobachten wir unseren Geist nicht. Es geschieht genau das Gegenteil, unser Verstand spielt uns ständig verschiedene Filme vor, und es ist nicht leicht, ihn zu stoppen.

Haben Sie schon einmal versucht, Ihre Gedanken zu kontrollieren? Versuchen Sie, sich fünf Minuten lang auf etwas zu konzentrieren. Stellen wir uns ein gelbes Dreieck vor. Denken Sie an nichts anderes. Konzentrieren Sie sich nur auf das gelbe Dreieck. Schaffen Sie das? Achten Sie darauf, wie oft Sie an etwas anderes als an das gelbe Dreieck gedacht haben. Es ist sehr schwierig, einen Geist zu kontrollieren. Normalerweise kontrollieren unsere Gedanken uns.

Woran denken Sie fast jeden Tag? Wenn Sie wie die meisten Menschen sind, denken Sie an Ihre Vergangenheit oder Ihre Zukunft.

Deshalb können unsere Erinnerungen glücklich oder traurig sein, aber die Vergangenheit ist Vergangenheit. Es ist also nicht angebracht, Gedanken an sie zu verschwenden. Die Zukunft ist unbekannt, aber wir erschaffen unsere Zukunft jetzt. Was immer wir jetzt denken, wird sich in der Zukunft manifestieren. Wenn wir also über unsere Probleme, Geldmangel und schwierige Situationen nachdenken, wird unsere Zukunft so aussehen. Wenn wir darüber nachdenken, wie wir über die Runden kommen, wird es geschehen. Wir werden gerade so über die Runden kommen.

Was wäre, wenn Sie jetzt anfangen würden zu leben? Was wäre, wenn Sie aufhören würden, über Ihre Vergangenheit nachzudenken und sich über Ihre Zukunft Sorgen zu machen? Sie könnten jetzt denken, dass Ihr Leben glücklich ist. Sie könnten denken, dass Sie und Ihre Familie JETZT alles haben, was Sie sich wünschen. Versuchen Sie es. Versuchen Sie, sich wirklich Ihr perfektes Leben vorzustellen. Denken Sie nicht über die Zukunft nach. Denken Sie, dass es jetzt ist, und sind Sie dankbar dafür. Wenn Ihre Visualisierung gut ist, werden Sie sich glücklich und aufgeregt fühlen. Sie werden sich gut fühlen, aber das Wichtigste ist, dass Sie gerade damit begonnen haben, es in der Zukunft wirklich zu verwirklichen.

Natürlich müssen Sie Ihren Geist trainieren, dies jeden Tag zu tun. Sie müssen die Wissenschaft der Manifestation erlernen und üben. Große Dinge kommen nicht einfach so. Das ist der Grund, warum so viele Menschen nicht das Leben ihrer Träume leben. Sie haben ihr Leben nicht unter Kontrolle. Sie leben ihr Leben automatisch. Aber Sie können es ändern. Sie können glücklich, gesund und reich sein. Alles, was Sie tun müssen, ist, sich selbst dazu zu bringen, etwas dafür zu tun.

DER WEG DER GEWINNER

Begleiten Sie mich auf diesem Weg
Der Winners Way ist eine Schlüsselstrategie im Sport des Lebens oder auch im Geschäftsleben.

Wenn Sie jemanden treffen, basiert Ihre Wahrnehmung und Ihre Meinung zu 93 % auf der Körpersprache. Wenn Sie wie ein Gewinner gehen, werden die Menschen Ihre Präsenz spüren und wissen, dass Sie etwas zu bieten haben. Wir alle kennen Menschen, die immer voller Selbstvertrauen sind und gehen, als hätten sie gerade eine Goldmedaille bei den Olympischen Spielen gewonnen.

Das Aufregende daran, dass Sie wie ein Gewinner gehen, ist, dass die Menschen in Ihrer Nähe sein wollen, um Ihre Energie aufzusaugen! Nehmen Sie sich im Laufe Ihres Tages einen Moment Zeit und fragen Sie sich: „Präsentiere ich mich als Gewinner?“ Wenn die Antwort „Nein“ lautet, werde ich Ihnen einige Geheimnisse darüber verraten, wie ein Gewinner geht.

Um wie ein Gewinner zu gehen, müssen Sie immer mit den Schultern nach hinten, der Brust nach außen und etwas schneller als sonst gehen. Das ist der Schlüssel – selbst wenn das Leben Ihnen einen Strich durch die Rechnung macht, müssen Sie wie ein Gewinner gehen, denn Ihre Physiologie ermöglicht es Ihnen, alles zu überwinden, was Sie geistig frustriert. Wenn Sie in ein Treffen gehen, um sich selbst oder Ihr Produkt zu vermarkten, spüren die Leute Ihre Zuversicht und wollen hören, was Sie zu sagen haben, weil sie Ihre Energie und Ihren Enthusiasmus spüren. Wenn Sie den „Winners Walk“ bewusst praktizieren, werden Sie im Handumdrehen wie ein GEWINNER gehen!

Steigern Sie Ihre Körpersprache, beherrschen Sie Ihren Geist, und Sie werden eine Steigerung Ihrer persönlichen Leistung feststellen, denn Sie werden alles erreichen, woran Sie glauben. Sie gehen den Weg ... den Winners-Walk. Ich persönlich fordere Sie heraus, die ganze Woche wie ein Gewinner zu gehen und zu sehen, wie sich die Dinge um Sie herum verändern. Gehen Sie wie ein Gewinner, und Sie werden mit den Adlern fliegen.

Finden Sie Ihr WARUM und fliegen Sie

EIN OFFENSICHTLICHES MANIFESTATIONSGEHEIMNIS.

Nutzen Sie dieses kleine Geheimnis für Ihren Erfolg.

Ein minimales Element, ohne das sich nichts manifestieren kann. Nehmen Sie sich dieses winzige Milliarden-Dollar-Konzept zu Herzen, und Ihr Weg wird sich vor Ihnen entfalten.

Es gibt ein wohlbekanntes und oft übersehenes Gesetz, das Gesetz der Anziehung, das wahrscheinlich wichtigste Gesetz der Schöpfung, das besagt, dass alle Formen von Materie und Energie von dem angezogen werden, was eine bestimmte Schwingung hat. Das bedeutet, dass die Gedanken, die wir in unserem Kopf haben, ähnliche Gedanken anziehen und zu größeren Gedankenmassen werden, die wir Gedankenformen nennen.

„Mysterium", das der Meister der Manifestation ständig verwendet. Es ist eine sehr grundlegende, einfache Komponente, die alles in Bewegung setzt, was in der menschlichen Welt existiert. Wir alle wissen, dass sie real und absolut notwendig ist. Die große Mehrheit der Menschen tut jedoch ihr Bestes, um es zu vermeiden.

Ohne dieses „Geheimnis“ bleiben alle Träume, Hoffnungen, Wünsche und gut gemeinten Ziele in einer Kiste unter dem Bett. An verregneten Nachmittagen wird die Kiste herausgeholt, und die sorgfältig aufbewahrten Dinge werden entstaubt und wieder in Ehren gehalten. Man wird einige Zeit damit verbringen, über mögliche Möglichkeiten nachzudenken, und die Hoffnung wird schwinden. Eine große Melancholie wird sich über Sie legen, und mit einer müden Entschlossenheit werden Ziele, Ambitionen und ernsthaftes Potenzial wieder sorgfältig zu Grabe getragen.

Die wahre Definition von Potenzial ist, um es höflich auszudrücken, „nichts wert, wo es jetzt ist“. Ziele, Träume, Bestrebungen, Hoffnungen und Wünsche haben nur Potenzial mit dem offensichtlichen Geheimnis, das nur zur Manifestation führen kann, aber sie sind im Moment nichts wert. Es gibt wenig auf der Welt, das so verbreitet ist wie latentes Potenzial. Aber fügen Sie die magische Zutat hinzu, und Ihre Wünsche werden sich vor Ihren Augen manifestieren. Gießen Sie eine zähflüssige, elektrisch blaue Flüssigkeit in Ihre Vorratsdose, und sie entleert sich in Ihre reale Welt.

Diese geheime, magische Zutat ist gemeinhin als „Aktion“ bekannt. Also los, los, los, einfach los, los, AKTION. Dies ist ein milliardenschweres Konzept, dem begabte Redner ganze Seminare widmen.

Alle Wünsche müssen ihre Reise zur Manifestation an einem anderen Ort beginnen. Alle Dinge sind bereits vorhanden, aber Sie müssen sie annehmen oder sie holen. Sie müssen aktiv zulassen, dass Ergebnisse erzielt werden. Handeln Sie und holen Sie sich, was Sie wollen.

Stellen Sie sich ein sattes, bequemes Abendessen vor, das in einem reichhaltigen Strandbuffet angeboten wird. Alles, was sie essen wollen, steht in glänzenden Müslischalen bereit. Nun wünschen Sie sich ein Stück leckeren Kuchen, haben aber keinen in diesem Buffet. Herrlichen frischen Kuchen gibt es nur auf der anderen Seite. Willst du wirklich den Kuchen selbst, oder macht die Tätigkeit des Kuchenwollens mehr Spaß? Was ist befriedigender: der Wunsch nach dem Kuchen oder die Erfüllung des Wunsches? Was ist nötig, um diesen Traum zu erfüllen? Im Fall des Essers wird das monumentale Unterfangen, aufzustehen und den Kuchen zu holen, das Verlangen befriedigen.

Verliere das Potenzial und ergreife die Tat. Fangen Sie an, und der Weg zum Erfolg wird sich vor Ihnen entfalten, während Sie ihn beschreiten. Der Weg wird sich so lange fortsetzen, wie Sie ihn gehen wollen, aber Sie müssen den ersten Schritt tun. Sie können sich so viel wünschen, wie Sie wollen, aber ohne etwas zu tun, wird sich die Realität nie vor Ihnen manifestieren und ein wehmütiges Souvenir bleiben, das in einer Schachtel unter dem Bett verstaut ist und verstaubt.

Handeln Sie, fangen Sie an, und Ihr Weg wird sich Ihnen zeigen. Aktion

LASSEN SIE IHRE TRÄUME WAHR WERDEN

Dieses Buch soll den Lesern helfen, ihre Sorgen in Wünsche zu verwandeln. Wir alle träumen, aber wir hören nicht auf sie

Die Träume der Menschen gehen im Laufe der Zeit verloren, aufgrund der Erwartungen der Familie, der gesellschaftlichen Konsolidierung usw. Wie viel mehr könnten Sie tun, wie viel mehr könnte Ihr Leben inspiriert sein? Woran glauben Sie, und was hält Sie zurück? Wissen Sie, dass so viele Konditionierungen im Leben die Brillanz, die in Ihnen steckt, hemmen? Sie können auf alles zugreifen, was in Ihnen steckt. Tun Sie es einfach, als brillanter Coach, als brillanter Mensch, als brillantes spirituelles Wesen, als strahlendes Licht in der Welt, haben Sie Zugang zu so viel Fülle.

Lebst du sie? Fühlen Sie ihn mit jeder Faser Ihres Wesens? Was kaufen Sie? Kaufen Sie sich in den Mythos der Illusionen ein? Es gibt so viele Dinge, die den Menschen helfen sollen, ihr Leben und ihr Geschäft aufzubauen. Als ob sie selbst nicht genug wären; als ob die Magie und das Mysterium der Existenz ihren Erfolg vereiteln würden. Das ist so weit entfernt von der Wahrheit der im Universum vorhandenen Fülle. Ich bin oft erschrocken und überrascht, wenn ich diesen beunruhigenden Trend sehe.

Was auch immer die Wahrheiten sind, ich bin hier, um Ihnen zu sagen, dass es MEHR gibt! Lösen Sie sich von den Illusionen der Sicherheit und den Strukturen, die ein Gefängnis aus Erwartungen, Zwängen und Vorstellungen schaffen. Gehen Sie das Risiko ein, im Schlamm zu spielen, sich schmutzig zu machen, loszulassen und Gott, der Magie, der Quelle, der Energie (welcher Glaube/Name auch immer zu Ihnen passt) zu vertrauen. Du hast es einmal als Kind versucht, erwecke es wieder zum Leben.

Innerlich sehnst du dich danach. Freue dich wieder auf das Abenteuer, dieses Leben. Seien Sie neugierig und spielerisch in Ihrem täglichen Leben, danach. Freue dich wieder auf das Abenteuer deines Lebens. Sei neugierig und spielerisch in deinem Alltag, in deinem Geschäft, zu Hause, in deinen Beziehungen und deinen Finanzen.

Denn wenn Sie sich wehren und Sicherheit und Starrheit bevorzugen, dann bin ich neugierig, wie das bei Ihnen funktioniert. Warum sind Sie unzufrieden? Wovon wollen Sie nicht loslassen? Was kostet sie das? Diese universellen Gedanken werden durch die tragische Knappheit in der Welt inspiriert.

Natürlich sind nicht alle davon betroffen, aber einige von uns leben in der tragischen Knappheit, die heute in der Welt herrscht.

Dies ist eine Aufmunterung für all diejenigen, die es benötigen, und eine Erinnerung für all diejenigen, die es bekommen, aber unserer Erfahrung nach ein Stück normale Menschlichkeit verloren haben.

WARUM HAT MICH MEIN PERFEKTER PARTNER VERLASSEN?

Sie sind verliebt, aber eines Tages bricht alles zusammen

Ihr Partner trennt sich von Ihnen und eine scheinbar „perfekte Partnerschaft“ bricht zusammen. Wir wollen Ihnen hier zeigen, wie Sie trotz des großen Schmerzes und der bitteren Enttäuschung persönlich wachsen können.

Am Anfang haben Sie eine Liste gemacht, wie Sie sich Ihren Partner wünschen, Sie haben alle Vor- und Nachteile aufgelistet und dann kam das EINE. Jeder Wunsch auf Ihrer Liste wurde erfüllt und das war beeindruckend für Sie. Wusstest du, dass du so attraktiv bist, oder? Tatsächlich kann Ihnen diese Erkenntnis den Kopf verdrehen und Ihre Schwingung steigt! Sie wissen jetzt, dass Sie begehrt sind.“ Das ist die perfekte Person“, wird Ihr Mantra. Sie verbringen viel Zeit mit ihr/ihm, Sie sprechen über alles, von der Lieblingsfarbe bis zu den Speisen, die Sie mögen, und Sie tauschen Erfahrungen aus.

Wo war diese Person, fragen Sie sich? Warum hat es so lange gedauert, bis wir uns gefunden haben? In Ihren Gedanken und Ihrer Fantasie sehen sie sich für immer zusammen. Und dann, hoch oben, es kann Wochen oder Monate dauern, leben Sie auf einer Wolke des Glücks, aber dann kommt plötzlich der Moment, dass Sie nicht mehr zusammen sind. Du fragst dich: „Habe ich etwas falsch gemacht? Spielt mir das Universum einen Streich? Ich dachte, das wäre für immer, oder? Was ist eigentlich passiert?" Die Gründe und die Gedanken sind verschieden, "Sie/er hat einen anderen gefunden, oder Ihr Partner hat etwas über Sie oder Ihr früheres Leben herausgefunden, sodass er/sie sich zurückgezogen hat. Oder vielleicht haben Sie sich einfach auseinander gelebt."

Eines ist sicher: Die Enttäuschung über die Trennung hat in Ihnen eine Tirade negativer Selbstabwertung ausgelöst, die die alten Ansichten verstärkt: „Das kann anderen passieren, aber mir nicht und"Ich habe meine einzige Chance verpasst, und das mit der wahren Liebe!"

Schauen wir uns die drei Gründe genauer an, warum eine scheinbar perfekte Beziehung nicht ewig halten kann:

Grund #1

Das Gesetz der Anziehung lehrt uns, dass wir Menschen Gelegenheiten, Situationen und Dinge haben, die mit unserer vorherrschenden Schwingung übereinstimmen. Manchmal sind Menschen jedoch eine Zeit lang harmonisch, und dann entscheidet sich eine Person oder ändert sich und geht einen anderen Weg, der nicht mehr mit den gemeinsamen Schwingungen harmoniert.

Grund Nr. 2

Sie haben nicht erkannt, dass manche Dinge in einer Beziehung von Bedeutung sind, bis die Beziehung endet.

Eine Dame schrieb mir einmal, dass sie nicht erkannte, dass sie sich einen Lebensgefährten hielt, der von vergangenen Verletzungen in ihrer früheren Beziehung geheilt war. Sie ist immer noch in diesen Mann verliebt, aber er konnte nicht länger in dieser Beziehung bleiben, weil er Angst hatte, sie würde ihn eines Tages auch verlassen, wie es seine frühere Freundin getan hatte. Um sich selbst zu schützen, beendete er die Beziehung. Er war einfach nicht bereit für eine tiefe Beziehung. Jetzt hat diese Dame begriffen, dass sie sich in Zukunft in einer Beziehung anders verhalten wird.

Grund Nr. 3
Ihr höheres Selbst ist bereit, dass Sie sich zu voller Selbstakzeptanz entwickeln. Es ist wahr, dass Ihr höheres Selbst zuerst erkennt, wie abhängig Sie von anderen sind, und so bereitet es die Bühne für eine dramatische (und oft schmerzhafte) Situation.

Ich habe eine Klientin, die fast 60 Jahre alt ist und mit dieser Lektion konfrontiert wird, und es ist so schmerzhaft, ihr dabei zuzusehen, wie sie damit ringt. Die gute Nachricht ist, dass unser höheres Selbst nur unser höchstes Gut will, und dazu gehört auch, dass Ihr höheres Selbst bereit ist, dass Sie sich zu voller Selbstakzeptanz entwickeln.

Dieses höhere Selbst ist Ihr wahres Ich, vor dem Sie zurückgeschreckt sind. Ihr habt es so lange gemieden. Dein höheres Selbst hat eine Botschaft für dich und möchte deine Aufmerksamkeit, und früher oder später wird es deine Aufmerksamkeit bekommen. Und je früher, desto besser und einfacher ist die Lektion.

Dein höheres Selbst möchte dich diese 4 Schritte lehren:

Lerne dich selbst kennen
Akzeptiere dich selbst
Vertraue dir selbst
Lerne, dich selbst zu lieben

Und es möchte, dass du all dies in deinem Leben anwendest.

Sobald wir glauben, dass wir großartige, köstliche, wunderbar gestaltete Geister sind. Eine menschliche Erfahrung machen – dass mit uns NICHTS FALSCH ist – dass wir VOLL sind, dass wir kein anderes menschliches Wesen benötigen, um uns ganz zu machen – dann sind wir bereit für die schönsten, tiefsten und befriedigendsten persönlichen Beziehungen. All unsere Sehnsüchte werden sich in vielen bedeutungsvollen und/oder intimen Beziehungen manifestieren.

Fragen für Sie?

„Bist du bereit, mehr über dich selbst zu lernen, damit du alle Teile von dir akzeptieren kannst?“

„Sind Sie bereit, sich selbst ein Gefühl für Ihren Wert oder Ihr Ziel zu geben”?

“Liebe und achte ich mich selbst genug, um über den verlorenen Geliebten zu trauern und ihn hinter mir zu lassen?“

„Kann ich diese Gelegenheit nutzen, um mich selbst besser zu verstehen?“

Wenn Sie bereit sind, an einem schwierigen Beziehungsverlust zu wachsen und mehr über sich selbst zu lernen, werden Sie wahrscheinlich jemanden in Ihr Leben ziehen, dessen Schwingung in schöner Harmonie mit Ihnen ist.

Rebecca Hansen ist ein Master Law of Attraction Coach.

Tausende von Menschen haben ihre Vorträge oder Artikel über reale Erfahrungen genossen und darüber, wie sie in jeder Situation den „Nugget der Wahrheit“ gefunden hat. Jetzt hat sie ein so tiefes Gespür dafür, wie Überzeugungen, Glaube und Denken funktionieren, dass sie andere schnell auf eine höhere Ebene heben kann. Sie können Rebecca unter Rebecca@YouCanHaveItAll.com kontaktieren und sich für ihren kostenlosen „Museletter“ anmelden.

Rebecca hat auch ein Buch mit dem Titel „Law of Attraction for Business“ geschrieben:

“Wie Sie ein Unternehmen gründen oder einen Job finden, den Sie lieben!“

Verwendung des T-TOOL ™ für

das Mini-Gesetz der Anziehung.

Ein Werkzeug für das Mini-Gesetz der Anziehung.

Wenn ich nur ein Werkzeug hätte, eine Übung, die Ihnen helfen könnte, Ihnen mehr oder alles zu geben, was Sie wollen, wäre es das Gesetz der Anziehung T-Tool ™. Jede Woche erhalte ich E-Mails von Menschen, die dieses einfache Werkzeug benutzt haben, um ihren idealen Job, Partner, ihr Zuhause oder ihre Erfahrung zu finden. Tausende von Menschen haben den Wert dieser Übung erkannt.

Haben Sie einen Wunsch, der noch nicht in Erfüllung gegangen ist? Kämpfen Sie mit einem bestimmten Problem? Haben Sie Angst, dass Sie etwas bekommen, was Sie nicht wollen? Wenn ja, dann können Sie das T-Tool ™ für das Gesetz der Anziehung verwenden, um die folgenden Vorteile zu erzielen.

1. Wählen Sie ein Thema, über das Sie sich Klarheit verschaffen oder in dem Sie sich besser fühlen wollen. Seien Sie bei dem Thema kreativ. Anstatt es „Mein idealer Kunde“ zu nennen, versuchen Sie etwas wie „Kunden, mit denen ich am meisten Spaß habe“ oder „Diese Art von Kunden zerstört meine Socken!“ oder Ähnliches in Ihrem persönlichen Bereich.

2. Zeichnen Sie auf einem leeren Blatt Papier ein großes „T“ auf die Seite. Beschriften Sie die linke Spalte mit „Ich mag nicht ...“ und die rechte Spalte mit „Ich mag ...“

3. Beginnen Sie auf der linken Seite und fragen Sie sich: Was gefällt mir in dieser Hinsicht nicht? Nennen Sie den Gegenstand. Denken Sie an so viele Dinge, wie Sie können. Bleiben Sie nicht bei zwei oder drei stehen, sondern streben Sie 20 oder mehr Punkte an. Dadurch werden niederfrequente Schwingungen beseitigt, die Sie ausbremsen oder daran hindern, das zu bekommen, was Sie wollen.

4. Nehmen Sie nun jedes Objekt und fragen Sie sich: „Wenn ich das nicht mag, was mag ich dann?“ Und schreibe deine Antwort mit den BESTEN Worten, die du finden kannst, auf die andere Seite.

Das Mini-T-Tool ™

Ich habe kürzlich mit einer Schülerin gearbeitet, die sich gerade beruflich verändert. Ein Punkt auf ihrer „Ich mag nicht ..."-Seite war: ‚Ein verrückter Chef‘. Ich bat sie, mir noch andere Dinge zu nennen, die sie an ihrem neuen Arbeitsplatz nicht mag oder haben möchte, und dann bat ich sie zu erklären, wie ein „verrückter Chef“ aussieht. Ich stellte mir jemanden vor, der einen weißen Laborkittel trägt, wildes Haar hat und große Augen, die aus dem Gesicht ragen. Sie sagte: „Ein ‚verrückter Chef‘ ist jemand, der mich nicht das tun lässt, was er von mir will. Jemand, der mir jede Minute über die Schulter schaut und mir die Arbeit abnimmt.”

Ich dachte mir: „So hatte ich mir das nicht vorgestellt!"“ Also machten wir ein kleines T-Tool ™ darüber, was sie an einem Vorgesetzten nicht mochte und was sie sich wünschte. Als wir fertig waren, sagte sie: „Puh! Ich wusste nicht, dass ich einen ‚verrückten Chef‘ anziehen würde, wenn ich weiter darüber nachdenke. Jetzt weiß ich, was ich von einem Chef will und kann mich darauf konzentrieren.“

Schau dir dein T-Tool ™ an. Gibt es etwas auf einer der Seiten, das zu allgemein ist oder auf unterschiedliche Weise interpretiert werden könnte? Wenn Ihre Terminologie für andere verwirrend ist, wird auch das Gesetz der Anziehung verwirrt sein. Fragen Sie sich: „Ist das spezifisch genug?“ Und schauen Sie, ob Sie ein Mini-T-Tool ™ machen können. Wenn Sie mehrere Mini-Tools machen, werden Sie noch mehr Klarheit bekommen.

KEIN WIDERSTAND, SONDERN KREATIVE AKZEPTANZ

Das Universum antwortet, aber manchmal nicht so, wie wir denken.

Widerstand ist kein neues Wort, aber für viele von uns ist das Bewusstsein für Widerstand neu. Das Wörterbuch definiert Widerstand als „sich widersetzen, widerstehen, sich wehren und Gegenmaßnahmen ergreifen, eine Niederlage erzwingen oder vereiteln“.

Resistenz ist nützlich, wenn eine Grippe oder ein Virus im Umlauf ist. Wenn das Immunsystem Ihres Körpers so funktioniert, wie es sollte, haben Sie eine gute „Krankheitsresistenz“. Man bleibt gesund. Der Versuchung zu widerstehen, etwas zu tun, das gegen Ihre Grundwerte verstößt, stärkt Sie, während das Nachgeben dieser Versuchung Ihren Charakter schwächt. Widerstand kann ein Anzeichen dafür sein, dass etwas im Moment nicht das Richtige für Sie ist. Es ist gut, Widerstände zu bemerken und sich zu fragen: „Warum erlebe ich diesen Widerstand?”

Widerstand hat eine andere Seite. Die andere Seite des Widerstands ist die Zerstörung dessen, was wir wollen. Dieser Widerstand entspringt dem Widerwillen gegen Veränderungen. Wir Menschen sind insofern seltsam, als wir dem Universum einen Wunsch anbieten und uns dann den Veränderungen widersetzen, die dieser Wunsch in Gang setzt.

Als ich unter anderem dem Universum meinen Wunsch nach finanzieller Unabhängigkeit darbrachte, wusste ich nicht, dass die Antwort dazu führen würde, dass ich das Einkommen meines früheren Ehepartners verlieren würde. Aber das tat sie. Als ich um finanzielle Unabhängigkeit bat, stellte ich mir ein anderes Szenario vor: „Mein Geschäftseinkommen steigt stetig, bis es einen bestimmten Betrag erreicht, dann kann der Ehegattenunterhalt sinken".

Das Universum reagierte auf meinen Wunsch – nur nicht so, wie ich es erwartet hatte – und ich wehrte mich gegen die Veränderung. Das Universum wusste, dass ich erst einmal unabhängig sein musste, um unabhängig zu werden. Ich wollte die Sicherheit des Einkommens eines Ehepartners, aber diese emotionale Abhängigkeit von einer externen Quelle hielt mich von der Unabhängigkeit ab.

Ich halte es für einfacher, Veränderungen zu akzeptieren, wenn ich sie selbst initiiert habe. Wenn jemand anderes Veränderungen einleitet, die mich betreffen, ist meine erste Reaktion, mich zu wehren.

Das Gesetz der Anziehung lehrt jedoch, dass alles, was mein Leben berührt, das Ergebnis einer Schwingung in mir ist.

Es kann eine Schwingung sein, die ich nicht mag. Es kann eine subtile Schwingung sein, der ich wenig Aufmerksamkeit schenke.

Oder es kann eine Schwingung sein, die in den Untergrund gegangen ist – wie Wut oder Schmerz, die ich zu dem Zeitpunkt, als ich sie zum ersten Mal erlebte, nicht erkannt habe.

Emotionen sind „Energie in Bewegung". Wenn wir versuchen, eine Emotion zu unterdrücken (insbesondere eine, die wir als negativ oder gefährlich eingestuft haben), geht sie nicht weg.

Sie geht in unser Unterbewusstsein, wo sie unser Leben stillschweigend sabotiert, indem sie einen Widerstand aufbaut, der zu weiteren negativen Erfahrungen einlädt und Spannungen erzeugt, selbst bei Menschen, die früher glücklich und zufrieden waren.

„Das größte retardierende Element im menschlichen Bewusstsein ist der Widerstand." ~ Charles Fillmore, The Reframing Word, 1931.

Widerstand bremst uns nicht nur, unsere Wünsche zu empfangen – Widerstand löst auf; er trennt; er zerfällt; er fragmentiert unser wahres Selbst.

Wir verlieren unser Gefühl der Ganzheit. Wir fühlen uns von der Quelle (Gott, dem Göttlichen, usw.) getrennt. Diese Trennung zeigt sich darin, wie wir uns selbst empfinden und wie wir uns zu anderen verhalten.

Bald streiten wir uns mit unserem besten Freund und geben ihm die Schuld an dieser Situation, wir suchen jemanden, dem wir die Schuld geben können. Das kommt uns bekannt vor. Was können wir gegen den Widerstand tun? Gibt es eine Alternative? Sollten wir Widerstand leisten? Das können wir nicht, denn wenn wir Widerstand bemerken und versuchen, ihn zu unterdrücken oder ihm zu widerstehen, erzeugen wir MEHR Widerstand.

Die Alternative ist Akzeptanz. Nicht Resignation, sondern kreative Akzeptanz. Ich habe die Geschichte des Gesetzes der Anziehung studiert, und es ist interessant festzustellen, dass es im Mittelalter eine große Verfolgung von Menschen gab, die philosophische Überzeugungen vertraten, die sich von denen der politischen und religiösen Autoritäten unterschieden. Menschen, die das Gesetz der Anziehung verstanden, die ihre persönliche Macht bewahrten, indem sie ihre Gedanken und Gefühle kontrollierten, wurden vor eine schwere Wahl gestellt:

Entweder sie widersetzten sich den Machthabern und starben; oder sie fügten sich den Forderungen der Aggressoren und verleugneten sich selbst, ohne schöpferisch zu sein. Viele Menschen der Metaphysik (des Gesetzes der Anziehung) zogen einfach nach Arabien, dort fanden sie die Freiheit, ihren Glauben auf ganzheitliche Weise zu leben.

Veränderung muss geschehen. Die Menschen werden Entscheidungen treffen, die unser Leben beeinflussen. Wir werden Entscheidungen treffen, die sich auf andere auswirken.
Ein Philosoph sagte einmal: „Der Wandel ist die einzige Konstante“.

Wie wir mit Veränderungen umgehen – eingeladen oder uneingeladen – beeinflusst unsere Schwingung und damit unsere Lebensqualität.

Nehmen Sie sich einen Moment Zeit, um Widerstand in Ihrem Körper, Ihrem Geist oder Ihren Gefühlen zu bemerken. Wie fühlt er sich an? Beengtheit? Verkrampfung? Verstopfung? Frustration? Verwirrung? Verurteilung? Empörung? Ja, all diese Gefühle sind Anzeichen von Widerstand.

Wenn ich Widerstand bemerke, bitte ich mein höheres Selbst um Verständnis und eine schöpferische Akzeptanz. Mein Gebet geht in etwa so: „Bitte zeige mir die Wurzel meines Widerstands und gib mir gleichzeitig eine Idee, wie ich diese Situation kreativ annehmen kann.“

Die Quintessenz ist: Es wird sich etwas ändern. Ich werde entweder Widerstand oder Akzeptanz erzeugen. Die eine Wahl trägt zur Auflösung meines Charakters bei, die andere stärkt mein Gefühl der Ganzheitlichkeit. Es ist meine Wahl. Denken Sie positiv und akzeptieren Sie Ihr Leben

ERLAUBEN SIE SICH IHREN WUNSCH

Wie können wir das Gesetz der Anziehung nutzen?

Ich weiß nicht warum, aber ich habe den Eindruck, dass wir häufiger über den Teil „Zulassen" der Formel für bewusste Anziehung stolpern als über die beiden anderen Teile. Die Formel für absichtliche Anziehung gibt uns eine einfache Beschreibung, wie wir das Gesetz der Anziehung nutzen können, um mehr von dem zu bekommen, was wir genießen wollen.

Die drei Schritte sind einfach:

1) Werden Sie sich darüber klar, was Sie wollen.

2) Erhöhen Sie Ihre innere Schwingung, indem Sie Zweifel und Ängste beseitigen, sodass sie mit Ihrem Wunsch und der Schwingung übereinstimmen.

3) Erlauben Sie Ihrem Wunsch, zu Ihnen zu kommen.

Über die ersten beiden Schritte ist schon viel geschrieben worden, Geschichten und prägnante Lehren. Aber wie „erlauben" wir – was müssen wir tun, um das zu erhalten, was wir uns so sehr wünschen, aber noch nicht haben?

Kürzlich hatte ich eine wunderbare Erfahrung damit, wie es

sich anfühlt, „zuzulassen“. Ich habe festgestellt, dass mein Papierkorb zu oft nicht ausreicht und überläuft. Es ist nur ein kleiner 20-cm-Algenkorb, der kaum für die geöffneten Briefumschläge und das zerknitterte Papier von zwei Tagen ausreicht. Nachdem ich mich monatelang im Geiste über das mangelnde Fassungsvermögen beschwert hatte, fragte ich mich schließlich: „Was für einen Papierkorb will ich denn?“

Mir schwebte ein schlichter, schwarzer Papierkorb in matter Ausführung vor – etwa 35 cm hoch, oben mit einem Durchmesser von 30 cm und nach unten hin verjüngt. Ja, das würde für die Abfälle einer Woche aus meinem Büro ausreichen und neben meinen anderen schwarzen Büroaccessoires professionell aussehen.

Als Nächstes sammelte ich Daten über mögliche Papierkörbe. Etwa eine Woche lang habe ich jedes Mal, wenn ich ein Gebäude betrat, in dem mein idealer Papierkorb stehen könnte, danach gesucht.

Ich fand Aluminiumdosen - nein, ich möchte vermeiden, auf etwas zu treten. Ich fand schwarze Plastikbehälter mit Scharnierdeckel - nein, ich will keinen Scharnierdeckel - ich will einen offenen Behälter, in den ich Papier werfen kann, hielt schwarze Behälter auf Rädern – für zu industriell.

Ich fand Keramiktöpfe, die fast richtig waren – zu schwer, um sie zu leeren. Mir fiel auf, dass die Preisspanne von 15,00 € bis 50,00 € reichte.

Schließlich ließ ich es gut sein. Ich sagte mir: „Der Richtige wird schon auftauchen.“ Und das tat er auch.

Ich war in einem Büroladen hier in meiner Stadt und kaufte ein, als ich beschloss, einige meiner „Prämienpunkte“ für einen Geschenkgutschein einzulösen. Ich hatte noch nie daran gedacht, Belohnung-punkte einzulösen – es war mir nie in den Sinn gekommen, dies zu tun. Also fuhr ich mit dem Aufzug in den fünften Stock, und während eine nette junge Dame am Punkte-Schalter einen Geschenkgutschein vorbereitete, wanderte mein Blick über die Einkaufsinsel. Dort entdeckte ich einen SCHWARZEN ABFALLBEHÄLTER – genau die Größe und Form, die ich mir vorgestellt hatte. Mit dem Geschenkgutschein in der Hand überquerte ich schnell die Insel und hob den Korb hoch. „Ah, er ist aus Filzpappe – Mattschwarz mit Nagelkopfverzierung. Ungefähr 35 cm hoch und 30 cm im Durchmesser – verjüngt sich nach unten. Sieht sehr professionell aus." Ich drehte den Korb um und las den Preis: '15,99 €. „Sehr gut! Mit meinem Geschenkgutschein in der Hand ging ich zur Kasse. Als die Verkäuferin den Preis überflog, staunte sie nicht schlecht und fragte mich: „Was glauben Sie, wie viel das kostet?"

„Auf dem Aufkleber steht '15,99 €'."

Sie schüttelte ungläubig den Kopf und antwortete: „Es ist im Angebot für 5,00 €."

"Fünf Euro?", fragte ich, völlig überrascht.

„Fünf Euro", wiederholte sie.

„Ich zahle bar und spare meinen Gutschein!"

Können Sie sich vorstellen, welche Freude ich in diesem Moment empfand? Nicht nur, dass der Preis stimmte, sondern auch die Art und Weise, wie mein Wunsch in Erfüllung ging, war absolut köstlich." Erlauben' ist einfach das alte Sprichwort: „Loslassen und Gott machen lassen." Es ist „Losgelöstheit vom Ergebnis". Eher „Loslösung vom Zwang, etwas geschehen zu lassen".

Zulassen bedeutet in Wirklichkeit, dass das Gesetz der Anziehung Ihren Wunsch zu seiner Zeit, an seinem Ort und auf seine Weise in Ihre Sphäre bringt. Erlauben bedeutet nicht, das Zweitbeste zu bekommen – es bedeutet, dem Gesetz der Anziehung zu erlauben, genau Ihren Wunsch zu erfüllen – auf die bestmögliche Weise.

Gibt es etwas, das Sie nicht zulassen, indem Sie versuchen, es geschehen zu lassen, oder indem Sie es auf eine bestimmte Weise oder zu einer bestimmten Zeit wollen? Vergessen Sie es. Glauben

Sie daran, dass das Gesetz der Anziehung es Ihnen zur perfekten Zeit und auf die perfekte Weise bringen wird. Glauben Sie daran, denn das ist das Gesetz.

SIE BRAUCHEN NUR 51 % UM ZU GLAUBEN

Um das Universum zu empfangen, brauchen Sie 51 % Glauben.

Ich habe zu viele Menschen gesehen, die sich selbst „verprügelt" haben, als sie vom Gesetz der Anziehung erfuhren und es in ihrem Leben anwendeten. Warum sind sie so hart zu sich selbst? Weil sie, wenn ihr Wunsch nicht in ein paar Tagen in Erfüllung geht, denken, dass sie es nicht richtig machen oder nicht genug glauben. Sie haben den Eindruck, dass sie zu 100 % glauben müssen, um zu empfangen – zweifellos. Und so versuchen sie, sich selbst und das Universum davon zu überzeugen, dass sie 100 % Glauben haben – obwohl sie es in ihrem Herzen nicht haben.

Sie denken, dass sie 100 % haben, um sich selbst und das Universum zu überzeugen, dass sie 100 % glauben – auch wenn sie es in ihrem Herzen nicht tun.

1. Hier ist die gute Nachricht! Sie brauchen keine 100 %, sondern nur 51 %, um den Prozess zu beginnen, alle Ihre Ziele, Wünsche und Hoffnungen zu erhalten. Alles, was Sie sich im Leben wünschen, wird Wirklichkeit werden. Glauben Sie einfach daran, dass Sie bekommen können, worum Sie gebeten haben.

Sie müssen nur die Waage ein wenig verschieben, und Sie werden kleine (oder große) Anzeichen dafür bemerken, dass Ihr

Wunsch auf dem Weg zu Ihnen ist. Wenn Sie in der Denkweise der Möglichkeit bleiben, wird aus der Möglichkeit eine Wahrscheinlichkeit. Aus der Wahrscheinlichkeit wird der Glaube, und aus dem Glauben wird die Gewissheit. Gewissheit ist das Gegenteil von Zweifel.

Hier ist eine wahre Geschichte, die ich diese Woche von Tony, einem Coaching-Kunden, erhalten habe: „Seit ich das Gesetz der Anziehung kennengelernt habe, habe ich festgestellt, dass ich manchmal nicht der sein kann, der ich sein möchte.“ Diese Woche befand ich mich in einer unmöglichen Situation und erinnerte mich an Ihre Worte: „Anstatt von einer Gewissheit, einer 100-prozentigen Garantie auszugehen, beginnen Sie mit der Tatsache, dass es möglich ist. Wir besuchten an diesem Wochenende Freunde in einem anderen Bundesstaat. Auf unserem Rückflug waren die Sicherheitskontrollen am Flughafen so streng, dass wir unseren Flug tatsächlich um vier Minuten verpasst haben (wir kamen an unserem Flugsteig an – buchstäblich der am weitesten entfernte Flugsteig vom Flughafen – und hatten sechs Minuten Zeit, aber sie schließen das Flugzeug zehn Minuten vor dem Abflug und öffnen es für niemanden.

Wir wurden auf die Warteliste für den nächsten Flug gesetzt, der voll war. Jeder übernächste Flug war voll, und es war wichtig, dass wir wegkamen, weil ich am Montag wieder zur Arbeit muss – wir haben beide einen vollen Terminkalender, und eine weitere Nacht zu bleiben, war alles andere als ideal. Ich konnte mich nicht dazu durchringen, negativ darüber zu denken, dass wir auf der Warteliste für den nächsten Flug stehen würden.

Meine Frau flippte immer noch aus, weil wir unseren letzten Flug verpasst hatten, wir hatten keine Babynahrung mehr und mein Sohn schlief. Ich konnte nicht glauben, dass wir diesen Flug bekommen würden, aber ich dachte immer wieder. 'Es ist möglich.' Das nächste, was ich wusste, war, dass eine der Flugbegleiterinnen für meinen Sohn schwärmte und mit meiner Frau zu plaudern begann. Und ehe wir uns versahen, hatten wir buchstäblich die letzten beiden Plätze im Flugzeug, und das hatte die Flugbegleiterin arrangiert. Wir waren zusammen, und wir hatten ein Fenster. (Unser Sohn saß auf unserem Schoß).

Es ist immer noch schwer zu glauben, dass ich uns in dieses Flugzeug „hineinvibriert" habe, aber ich habe mir diese Möglichkeit offen gehalten. Du hattest also recht, ich musste nur zu 51 % daran glauben.

Denken Sie an all die Male, in denen Sie etwas erhalten haben, als Sie noch Zweifel daran hatten. Was wünschen Sie sich heute? Hat jemand anderes das erhalten, was Sie sich gewünscht haben? Wenn ja, ist es möglich, dass Sie es auch bekommen können, wenn du denkst, ich kann ... wirst du es bekommen.

WAS IST DAS GEGENTEIL VON ZWEIFEL?

Nicht zweifeln, sondern wünschen

Das Gesetz der Anziehung lehrt uns, dass Sie, egal worauf Sie sich konzentrieren, MEHR in Ihr Leben anziehen werden – ob Sie es beabsichtigen oder nicht. Um absichtlich mehr von dem anzuziehen, was Sie genießen, müssen Sie nur drei Dinge tun:

Werden Sie sich darüber klar, was Sie wollen – schreiben Sie es auf und finden Sie die genauen Worte, die Ihren Wunsch beschreiben.

Stimmen Sie Ihre Schwingungen und Vibes auf das ein, was Sie sich wünschen – sprechen Sie nur auf die positivste Art und Weise über Ihren Wunsch, und erinnern Sie sich an die drei Sätze, die Ihre Schwingungen schneller erhöhen werden:

Ich bin im Begriff, ... anzuziehen.

Das Universum ist dabei, sich völlig zu entkleiden, damit ich es anziehen kann ...

Ich liebe es, wenn ... das Gesetz der Anziehung mir das liefern will, was ich mir gewünscht habe! Beseitigen Sie einfach Ihre Zweifel und erhalten Sie, was Sie sich gewünscht haben.

Was uns nicht gesagt wird, ist, wie man Zweifel beseitigt. Besser noch, was ist das Gegenteil von Zweifel? SICHERHEIT. Sprechen Sie dieses Wort laut aus ... es ist GEWISSHEIT.

Wie fühlt es sich an, SICHERHEIT zu haben?

Können Sie sich an eine Zeit erinnern, in der Sie SICHERHEIT hatten?

Wie sah diese BESTIMMT aus oder wie fühlte sie sich an?

Erinnern Sie sich daran, dass Sie in den Zustand gekommen sind, zu wissen, dass das, was Sie wollen, Ihnen gehören wird? Erinnern Sie sich daran, dass Sie dachten oder sagten: „Ich weiß, dass es im Moment nicht so aussieht, aber ich weiß einfach, dass es passieren wird"? Das ist SICHER.

Die gute Nachricht ist, dass das Gesetz der Anziehung nicht darauf wartet, dass Sie völlige Gewissheit haben, bevor es Ihnen das gibt, was Sie wollen.

Es wartet darauf, dass Sie ein wenig mehr Glauben als Zweifel haben – nur 51 % mehr Glaube an Ihren Wunsch wird die Dinge geschehen lassen. Wenn Sie sich vorstellen, dass es möglich ist, Ihren Wunsch zu haben – wenn es möglich ist, dass jemand anderes ihn bereits hat, dann ist es auch für Sie möglich, ihn zu haben – sobald Sie die Waage so eingestellt haben. Das dann der Wunsch den Zweifel überwiegt. Sie werden anfangen, „Wegweiser“-Ereignisse zu bemerken, die beweisen, dass Ihr Wunsch immer näher rückt.

Erkennen Sie Wegweiser? Eine „kleine Geste oder eine Vorahnung“, die ein Wegweiser ist.

Dies ist auch eine Erfahrung wie diese:

Ich träumte davon, dass mein Unternehmen TeleClass International Services Inc. das TeleClass-Modell bei anderen Unternehmen einführen würde. Der erste Wegweiser, dass dieser Traum in Erfüllung gehen würde, war ein kleiner Vertrag mit IBM, in dem wir 15 ihrer Trainer ausbildeten. Zu diesem Zeitpunkt dachte ich, mein Traum sei in „voller Produktion", aber der nächste Auftrag für Corporate Tele Leader Training kam zwei Jahre später. In der Zwischenzeit hatten wir die perfekte Person für die Unternehmensschulung gefunden und genug Zeit, um sie in allen Aspekten dieser Branche zu schulen. In letzter Zeit kommen immer mehr Aufträge von Unternehmen, die mehr über TeleClasses erfahren und wissen, wie sie mit diesem Modell ihre Schulungskosten senken können. JETZT geht mein Traum in Erfüllung.

Achten Sie auf diese Wegweiser, erkennen Sie sie als Ermutigung an und freuen Sie sich, dass Sie einen Schritt weiter sind. Ihr Glaube wird zur SICHERHEIT.

Merken Sie, wie viel näher Sie heute der Gewissheit sind, dass ein lang gehegter Traum eines Tages in Erfüllung gehen wird. Machen Sie SICHERHEIT zu Ihrem Ziel – und das Gesetz der Anziehung wird Sie vielleicht mit einem frühen Geschenk überraschen.

DAS GESETZ DER ANZIEHUNG IN BEZIEHUNGEN

Das Gesetz der Anziehung ist eine mächtige Kraft

Das Gesetz der Anziehung ist eine mächtige Kraft, die unser Leben beeinflusst, ob wir uns dessen bewusst sind oder nicht.

Haben Sie schon einmal die Erfahrung gemacht, dass ein Fremder aus heiterem Himmel auftaucht und eine Information hat, die Sie benötigen? Wurden Sie schon einmal von einem Freund oder einem Fremden davon abgehalten, zur richtigen Zeit am richtigen Ort einen Fehler zu machen? Können Sie sich daran erinnern, wie sich das angefühlt hat?

Haben Sie schon einmal gespürt, welche Rolle Sie bei der Manifestation einer Erfahrung durch eine andere Person spielen? Vielleicht haben Sie ihnen etwas gegeben oder etwas getan, was sich für Sie richtig anfühlte, und für sie war es ein unheimlicher Zufall. Waren Sie schon einmal an der richtigen Stelle, um einem anderen Menschen etwas Wichtiges anzubieten? Vielleicht fühlten Sie sich gezwungen, mit einem Fremden zu sprechen, und er hatte die Informationen, die Sie suchten?

Ich nenne dieses Zusammenspiel zwischen Menschen „Tanzen“. Wir tanzen jeden Tag in unserem Leben mit anderen. Wenn wir offen und bereit sind, nehmen wir teil und helfen, ihre Erfahrungen zu manifestieren, und andere tun das Gleiche für uns. Einige dieser Erfahrungen sind positiv, und wir fühlen uns im Fluss des Lebens. Andere Erfahrungen sind eher herausfordernd oder sogar negativ und können uns fragen lassen, wie es dazu kommen konnte, dass wir eine solch negative oder schmerzhafte Erfahrung in unser Leben gezogen haben.

Als Therapeutin, Coach und Einzelperson habe ich das Gesetz der Anziehung als eine mächtige Kraft kennengelernt, die unser Leben beeinflusst, unabhängig davon, ob wir uns bewusst sind, wie es zu einem bestimmten Zeitpunkt wirkt oder nicht. Einfach ausgedrückt: das, worauf wir unseren Fokus, unsere Gefühle und unsere Aufmerksamkeit richten, ziehen wir in unser Leben. Um zu bewusster Anziehung überzugehen, müssen wir uns unserer Absicht, Aufmerksamkeit und unseres emotionalen Zustands bewusst sein. In gewissem Sinne bewegen wir uns von der unbewussten Erschaffung von Ereignissen in unserem Leben zur bewussten oder unbewussten Beeinflussung unserer Erfahrungen.

Wenn wir über das Gesetz der Anziehung in Beziehungen sprechen, tauchen mehrere Fragen auf. Dazu gehören: Können wir eine bestimmte Person in unser Leben ziehen? Bin ich für den Missbrauch durch meinen Kollegen, Partner, Freund oder ein Familienmitglied verantwortlich – habe ich das Problem angezogen? Wie kann ich die Beziehung anziehen, die ich mir wünsche?

Eines der Probleme, die diese Fragen gemeinsam haben, ist die Frage, wo unsere Verantwortung endet und die Verantwortung der anderen Person beginnt.

Matching (Auswahl unserer Partner)

Jeder, den Sie in Ihr Leben ziehen und mit dem Sie sich einlassen, entspricht etwas, dass schwingen, entweder bewusst oder unbewusst.

Wenn wir wissen wollen, was in uns schwingt, schauen wir uns an, wen wir anziehen. Es ist eine perfekte Übereinstimmung!

Es gibt verschiedene Arten von Übereinstimmungen mit unseren Schwingungen. Am offensichtlichsten ist es, wenn wir etwas Ähnliches bekommen. Das ist dann der Fall, wenn die Schwingungen und Vibes ungefähr gleich sind.

Idealerweise wollen wir uns ermächtigt, optimistisch und freudig fühlen und andere ermächtigte und optimistische Menschen in allen Aspekten unseres Lebens zu uns ziehen. Wenn dies geschieht, gibt es ein Teilen und eine Verbindung, die sich wunderbar anfühlt. Es ist eine perfekte Übereinstimmung!

Wenn SIE sich niedergeschlagen fühlen (eine niedrige Schwingung haben), können Sie einen Freund anrufen, der die gleiche niedrige Schwingung hat, um sich über all die Dinge zu beklagen, über die Sie niedergeschlagen sind. In diesem Fall zieht Ihre niedrige Schwingung jemanden mit einer ähnlichen Schwingung an. Wir werden uns oft auf die Person einlassen und bei dieser niedrigen Schwingung bleiben oder vielleicht gemeinsam tiefer gehen. Was ist das für ein Gefühl?

Hatten Sie schon einmal einen Freund oder Klienten, der sich in einer „Opferschwingung" befand und missbräuchliche Partner in seinen romantischen oder geschäftlichen Beziehungen anzuziehen schien? Seine Opferschwingung könnte sich zu einem potenziellen Missbraucher entwickelt haben. Eine zweite Übereinstimmung mit der „Opferschwingung" ist der Retter. Retter, Opfer und Täter bilden das Dreieck, das wir als „Opfer" oder „Drama" kennen. Diese drei Rollen schwingen im Einklang miteinander, und der Einzelne bleibt oft dabei hängen, sich in diesem Dreieck von einem Punkt zum anderen zu bewegen. In der einen Beziehung sind sie vielleicht das Opfer. In der nächsten sind sie der Retter oder der Verursacher.

Es gibt noch andere, weniger offensichtliche Varianten dieses Dreiecks. Chronisch kranke, sehr verzweifelte oder bedürftige Menschen schwingen oft für Menschen, die versuchen, ihnen zu helfen oder sie in einer Weise zu benutzen.

Die meisten Kinder und viele Erwachsene leben ihr Leben in Unkenntnis des Gesetzes der Anziehung und der vielen anderen Kräfte, die bei der Erschaffung ihrer Erfahrungen am Werk sind. Diese Menschen sind sich der Auswirkungen ihrer Aufmerksamkeit, ihres Fokus und ihrer Emotionen nicht bewusst. Ihre Energie ist vielleicht gemischt und reaktiv. Solche Menschen sind „verletzlich“ und können zu unbewussten Teilnehmern an der gezielten und bewussten Manifestation anderer werden.

Wir wissen, dass die meisten Täter sich ihre Opfer aussuchen. Das ist eine Tatsache. Sie suchen sich unbewusst oder bewusst auf einer intuitiven Ebene verletzliche Kinder, Erwachsene, die bereits alt oder älter sind, aus. Deswegen werden oft jüngere Kinder, ältere Menschen oder Erwachsene mit Behinderungen ausgewählt. Kinder und einige Erwachsene sind dann anfällig dafür, Teil einer bewussteren Planung und Handlung von jemandem mit größerer Absicht, Emotion und Konzentration zu werden.

Weiterhin gibt es Menschen, die dieselben Gesetze der Anziehung nutzen, um Macht für sich selbst zu manifestieren oder um anderen Schaden zuzufügen. Sie glauben, dass sie im Recht sind, rechtfertigen sich oder werden unbewusst zu solchen Erfahrungen getrieben. In einigen Fällen ist ihr Fokus kollektiv und mächtig. Terroristen und andere angst basierte Organisationen sind Beispiele für diese Dynamik.

Die freie Wahl

Ich hatte einmal ein sehr erstaunliches Gespräch mit einem Muttersprachler über die drei Konzepte des Schicksals, des Potenzials und der freien Wahl. Soweit ich mich erinnere, definierte er diese

Begriffe wie folgt.

Schicksal: Ist eine Gelegenheit, den Zweck eines Lebens zu erfüllen. Es ist ein vorherbestimmter Umstand, der sich zu einem bestimmten Zeitpunkt im Leben manifestiert. Manche Menschen glauben, dass wir mit vorherbestimmten Aufgaben geboren werden, die unsere Vorfahren vor unserer Geburt vereinbart haben. Andere glauben, dass „Abmachungen" mit anderen Seelen vor der Geburt getroffen wurden, um Teil Ihrer Erleuchtung und Herausforderung hier auf Erden zu sein.

Potenzial: Wenn wir herausgefordert werden, kann diese Erfahrung eine mächtige heilende oder zerstörerische Kraft sein. Wenn wir uns der Herausforderung stellen und aus Integrität und Gnade handeln, heilen wir sowohl aktuelle als auch vergangene Probleme, die mit dem Ereignis zusammenhängen. Wenn wir die Herausforderung nicht annehmen, verletzen wir uns selbst und andere.

Freie Wahl: Wir alle haben die freie Wahl. Deshalb können wir eine Person, die sich nicht auf uns einlassen will, nicht für uns gewinnen. Wir wählen, mit wem wir uns einlassen, und wir wählen unsere Handlungen.

Wir ziehen Menschen in unser Leben, und wir haben die Wahl, uns mit ihnen einzulassen oder nicht, und wir sind allein für unsere Handlungen verantwortlich. Aber Sie sind nicht verantwortlich für das, was andere Menschen tun wollen.

Wenn wir uns dessen bewusster werden, können wir auch Begegnungen und Erfahrungen als aussagekräftige Informationen und Rückmeldungen darüber betrachten, was wir gerade bewegen. Wir können auch wählen, ob wir uns einlassen oder nicht, ob wir bleiben oder gehen. Wir können diese Informationen auch nutzen, um uns auf eine andere Schwingungsebene zu heben.

Auswirkungen auf das Gesetz der Anziehung – Praktiker, die mit anderen arbeiten.

Viele meiner Coaching- und Beratungskunden haben sich mit einer Form des Drama-Dreiecks (siehe oben) beschäftigt. Ich habe die Erfahrung gemacht, dass die Werkzeuge des Gesetzes der Anziehung sehr hilfreich sind, wenn es darum geht, sich ihrer Emotionen und deren Auswirkungen auf ihre Erfahrungen bewusst zu werden. Sie können lernen, dass sie Menschen anziehen, wenn sie sich in einer „Ich-arm"- oder „Opfer"-Schwingung befinden, und sich entscheiden, ob sie sich auf sie einlassen oder nicht. Sie lernen auch, wie wichtig es ist, ihre Schwingung zu ändern und eine Veränderung bei den Menschen zu beobachten, die sie anziehen. Indem sie eine andere Schwingung wählen, werden sie ermächtigt und beginnen sogar zu heilen!

Auswirkungen für Praktiker und Trainer

Für das Gesetz der Anziehung praktizieren Praktiker und Trainer die Absicht, anderen zu helfen und selbst solche Erfahrungen in Form von Klienten zu machen. Sie bieten sich als „Helfer" für Menschen an, die sich dafür entscheiden, Ereignisse in ihrem Leben zu manifestieren. Diese Erfahrung ist oft sehr intuitiv und freudig. Wir fühlen uns im Fluss des Lebens.

Haben Sie auch die Erfahrung gemacht, dass diese Absicht in Erfahrungen außerhalb Ihrer Praxis überschwappt?

Manchmal ziehen wir Menschen an, die uns zu Helden und Erlösern erheben wollen. Sie werden Dinge sagen wie: „Niemand außer dir versteht mich". „Ohne dich wäre ich verloren ..." Sie wollen direkte Ratschläge – damit Sie die Entscheidungen treffen können. Das stärkt sie jedoch nicht, sondern hält sie in ihrer bequemen „Opferrolle". Berater und Ausbilder können in die Rolle des Retters verführt werden und sich mit dem Klienten in das Drama-Dreieck begeben. Wie könnte sich dies auf unser Leben außerhalb des Büros auswirken?

Nach dieser speziellen Erklärung stelle ich zu meiner absoluten

Freude fest, dass ALLES, worum ich gebeten habe, alle meine Wünsche in Erfüllung gegangen sind.

Die Quintessenz ist: Wenn es sich gut anfühlt, reizvoll, spielerisch und aufregend, sich auf Ihren Wunsch zu konzentrieren, dann genießen Sie es sicherlich, ihm Aufmerksamkeit zu schenken. Wenn Sie sich jedoch dazu zwingen, sich zu konzentrieren, verursachen Sie Widerstand, was zu Verzögerungen führen kann. Wenn Sie festgestellt haben, dass es lange dauert, bis Ihr Wunsch kommt, ändern Sie Ihre Schwingung.

„Erlauben" bedeutet, dass Sie sich selbst auf dem richtigen Weg halten, während Sie dem Gesetz der Anziehung erlauben, Ihren Wunsch zu erfüllen.
Wie Sie Ihr Gedächtnis mit diesen einfachen Tipps verbessern können

Manchmal streikt unser Gedächtnis, das ist nicht schön, aber diese Tipps werden Ihnen helfen, ein besseres Gedächtnis zu bekommen.

Fällt es Ihnen schwer, sich an alles zu erinnern, was Sie tun oder wissen müssen? Vergessen Sie leicht? Würden Sie gerne Ihr Gedächtnis verbessern? Hier sind viele einfache Tipps, die Ihnen helfen, sich besser zu erinnern.

1) Wenn Sie sich an etwas Wichtiges erinnern müssen, sollten Sie sich ein lustiges oder skurriles Bild dazu ausdenken. Ihr Gehirn erinnert sich leicht an ungewöhnliche, lustige oder beängstigende Dinge, während es Dinge, die in keiner Weise auffallen, leicht vergisst.

2) Machen Sie eine Liste der Dinge, die Sie tun oder sich merken müssen. So kann sich Ihr Gehirn an andere Dinge erinnern, die wichtiger sind.

3) Achten Sie auf ausreichend Schlaf, denn Ihr Gehirn nutzt die Stunden des Schlafs, um neue Informationen im Langzeitgedächtnis zu speichern.

4) Um sich eine lange Buchstaben- oder Zahlenfolge wie eine Telefonnummer zu merken, unterteilen Sie die Information in kleine Teile von zwei oder drei Zahlen oder Buchstaben, wie z. B. 555 - 216 - 9827. Den meisten Menschen fällt es sehr schwer, sich 9 oder 10 Zahlen hintereinander zu merken, aber sie können sich leicht zwei oder drei Zahlen hintereinander merken.

5) Wenn Sie etwas lernen und sich merken müssen, nehmen Sie sich Zeit, um denselben Stoff am nächsten Tag und eine Woche später einige Minuten lang zu wiederholen. Wiederholungen und Wiederholungen helfen deinem Gehirn, sich den Stoff besser zu merken.

6) Wenn Sie viel lernen, planen Sie alle vierzig Minuten eine Pause ein, in der Sie aufstehen, das Haus verlassen und etwas ganz anderes tun. Wenn Sie sich dann wieder zum Lernen hinsetzen, ist Ihr Gehirn erfrischt und kann den Stoff besser aufnehmen.

7) Wenn du versuchst, etwas zu lernen, nimm dir genügend Zeit, um es zu verstehen, und wiederhole es mehrmals. Auf den letzten Drücker zu lernen, funktioniert nicht besonders gut.

8) Trainiere dein Gehirn gut, indem du das Auswendiglernen als lustige Übung praktizierst. Wählen Sie alle paar Tage ein neues Gedicht oder eine Lieblingspassage, die Sie auswendig lernen wollen, und schreiben Sie sie auf oder sprechen Sie sie laut aus.

9) Reduzieren Sie den Stress in Ihrem Leben, indem Sie Ihren Zeitplan vereinfachen, mehr Aufgaben an andere delegieren, regelmäßig Sport treiben und täglich meditieren. Langfristiger Stress kann Ihre Fähigkeit beeinträchtigen, sich zu konzentrieren und klar zu denken, sowie Ihre Fähigkeit, Erinnerungen zu bilden oder sie später wiederzuerlangen.
Ihr Vibrationsmesser sorgt für Klarheit

Wir haben ein eingebautes Schwingungsmessgerät, das für uns feststellt, ob sich etwas gut oder schlecht anfühlt

"Haben Sie sich im Leben schon einmal festgefahren" gefühlt? Ich meine, völlig festgefahren" – unbeweglich, gelähmt oder unfähig, die richtige Entscheidung zu treffen?

Vor ein paar Jahren fühlte ich mich völlig festgefahren. Ich dachte über eine Geschäftsmöglichkeit nach, die mir ideal erschien und auch sehr lukrativ zu sein versprach. Allerdings hatte ich während meiner Zusammenarbeit mit diesem Unternehmen mehrmals ein Burn-out erlebt und musste mir eingestehen, dass sich die ganze Sache aus einem unbekannten Grund nicht richtig anfühlte. Ich nahm mir zwei Wochen frei, um mit den Beteiligten zu kommunizieren, weil ich glaubte, dass ich mit etwas Abstand die Antwort finden würde, die ich benötigte, um zu wissen, wie es weitergehen sollte. Doch am Ende der zwei Wochen fühlte ich mich genauso verwirrt wie zuvor und wusste nicht, ob ich mich verpartnern oder teilweise oder ganz zurückziehen sollte.

Ich fuhr in einen nahe gelegenen Ferienort, um einen klaren Kopf zu bekommen und eine Antwort zu finden. Nach zwei Tagen und Nächten hatte ich immer noch keine klare Vorstellung davon, was ich tun sollte. Ich versuchte so sehr, alles mit meinem Verstand herauszufinden, und mein rationaler Verstand half mir überhaupt nicht. Schließlich schrieb ich in meiner Verzweiflung mitten in der Nacht:

„Ich benötige einen neuen Rahmen, eine völlig neue Sichtweise auf mein Leben und meine Entscheidungen".

Am nächsten Morgen steckte ich eine Kassette ein, die mir ein neu gewonnener Freund geschickt hatte. Obwohl das Band von schlechter Qualität war, hörte ich etwas, das zu meinem neuen Rahmen geworden ist:

Sie haben einen gottgegebenen Schwingungsmesser in sich, der Ihnen sagt, was gut für Sie ist und was nicht. Dieser Schwingungsmesser sind eure Gefühle. Wenn sich etwas gut anfühlt, ist es gut für Sie. Wenn sich etwas nicht gut anfühlt, ist es nicht gut.

Ich wusste sofort, dass dieser Geschäftsvorschlag NICHT gut für mich war, weil ich mich dabei nicht perfekt fühlte. Mir wurde sogar schlecht, und ich versuchte herauszufinden, ob es sich richtig anfühlte, wenn es das nicht tat.

Was für eine Erleichterung war es, diesen neuen Rahmen zu haben, um Entscheidungen zu treffen.

Ich hatte Klarheit und Frieden darüber, dass ich dieser Geschäftspartnerschaft nicht zustimmte, und schrieb sofort eine Liste von Eigenschaften auf, die ich in einer Geschäftspartnerschaft WOLLTE. Innerhalb weniger Tage lernte ich meinen jetzigen Geschäftspartner kennen, der perfekt auf diese Suchliste passte.

Wenn Sie dieses Schwingungsmessgerät kennen, müssen Sie keine Entscheidungen mehr mit Ihrem Verstand treffen. Sie müssen Ihre Entscheidungen nicht mehr rationalisieren oder rechtfertigen. Sie müssen einfach nur erkennen, was sich gut anfühlt" und was sich nicht gut anfühlt" und was das Richtige für Sie ist.

WAS IST DAS UNIVERSELLE GESETZ DER ANZIEHUNG?

Das universelle Gesetz der Anziehung besagt: Wir ziehen alles an, worauf wir uns konzentrieren - ob erwünscht oder unerwünscht.

Die meiste Zeit ziehen wir an, ohne nachzudenken und nicht durch bewusste Entscheidung. Wir gehen einfach durch den Tag und konzentrieren uns auf Probleme, die gelöst werden müssen, oder auf Dinge, die sich nicht gut anfühlen, oder auf Dinge, die uns nicht richtig erscheinen. Auf diese Weise schaffen wir tatsächlich mehr Probleme, mehr von dem, was sich nicht gut anfühlt und mehr von dem, was nicht richtig zu sein scheint.

Stellen Sie sich selbst als einen riesigen Magneten vor. Ein Magnet, der Metall aus der Ferne anzieht. Er „versucht" nicht, anzuziehen, er zieht einfach an. So ist es auch bei uns. Ob wir nun versuchen anzuziehen oder nicht, wir tun es die ganze Zeit. (Außer wenn wir schlafen.) Und wir ziehen das Gleiche an, woran wir denken. Wenn wir über einen Mangel an etwas nachdenken, ziehen wir mehr Mangel (Knappheit) an. Wenn wir an etwas denken, das wir lieben, ziehen wir mehr von dem an, was wir lieben und genießen. Ich weiß, es hört sich unglaublich an und es ist ganz einfach.

Wir Menschen sind tatsächlich unwiderstehliche Anziehungspunkte, und wir können diese wunderbare gottgegebene Kraft nutzen, um mehr von dem anzuziehen, was wir im Leben wollen – einfach, indem wir darauf achten, wo wir unsere Gedanken und Wünsche platzieren.

Ein altes Sprichwort kam mir gerade in den Sinn: „Wie du in deinem Herzen denkst, so ist es". Es ist interessant, dass der Schreiber dieses Sprichworts „Dinge in seinem Herzen" sagt, weil wir meistens denken, dass wir mit unserem Verstand denken. Aber in Wirklichkeit denken, glauben und schwingen wir mit dem Herzen.

Wir ziehen mit dem Herzen an. Stellen Sie sich Ihr Herz als einen starken Magneten vor. Das Herz ist der „Vibrator" für alle Signale, die wir anziehen.

Denken Sie an ein Radio. Es hat viele Sender. Um einen Sender einzustellen, wählt man eine bestimmte Frequenz. Sobald wir unsere Aufmerksamkeit auf etwas richten (dessen Frequenz wir gewählt haben), beginnt es seine Reise zu uns.

Um etwas loszuwerden, das Sie nicht in Ihrem Leben haben wollen, stellen Sie einfach eine andere Schwingung (Frequenz oder Radiosender) ein – etwas, das Sie wollen.

Ich sehe die Kunst der bewussten Anziehung in drei Teilen:

1. Es wird mir klar, was ich will.
2. Ich erhöhe meine Schwingung, bis sie mit dem übereinstimmt, was ich will.
3. Ich erlaube dem, was ich will, zu mir zu kommen.

Wir haben die Möglichkeit, durch die vielen „Kontraste", die uns das Leben bietet, Klarheit zu gewinnen, wenn wir genau wissen, was wir wollen. Der Schlüssel zur erfolgreichen Nutzung von Kontrasten liegt darin, sie kurz zu beobachten und sie bei der Entscheidung zu nutzen, das zu bekommen, was wir wollen. Das erfordert ein wenig Übung, denn wir haben die Angewohnheit, darüber zu reden, anderen davon zu erzählen und uns nicht auf das zu konzentrieren, was wir wollen oder nicht mögen.

Normalerweise ist es der dritte Teil, über den ich stolpere. Ich habe sehr lange an einigen selbst begrenzenden Glaubenssätzen festgehalten – so lange, dass ich sie nicht mehr erkenne, aber sie schwingen immer noch unter der Oberfläche, und diese Schwingungen hemmen das, was ich will.

Meine Arbeit besteht darin, jeden Widerstand loszulassen und zu glauben, dass das, was ich will, zu mir kommen, wird – einfach, weil ich es will.

Was soll ich tun, wenn ich es nicht bekomme?

Fragen Sie und Sie werden eine Beschreibung des Gesetzes der Anziehung in Kurzform erhalten.

Sobald Sie sich darüber im Klaren sind, was Sie wollen, ist es auf dem Weg zu Ihnen.
Die einzige Möglichkeit für Sie, Ihren Herzenswunsch NICHT zu erhalten, besteht darin, sich dagegen zu wehren, ihn zu erhalten.

Dies ist ein universelles Gesetz. So wie das Gesetz der Schwerkraft immer zur Mitte hin ziehen muss, arbeitet das Gesetz der Anziehung immer mit einer solchen mathematischen Präzision, dass es Menschen, Situationen und Möglichkeiten liefert, die unsere Gedanken, Gefühle und Emotionen widerspiegeln.

Zweifel ist die häufigste Form des Widerstands. Wir verbringen oft Zeit damit, über das neue Auto, den neuen Job, das neue Haus oder die neue Beziehung nachzudenken, die wir genießen möchten. Dann fangen wir an, uns Gedanken zu machen, die unsere Zweifel zu rechtfertigen scheinen.

„Es kostet viel zu viel." (Ich bezweifle, dass ich es mir leisten kann).

„Niemand hat alle Eigenschaften, die ich von einem Partner erwarte. Ich bin zu wählerisch." (Ich bezweifle, dass ich jemanden finden kann, der mich lieben und akzeptieren wird).

„Dieses Unternehmen hat noch nie eine Frau für diese Stelle eingestellt." (Ich bezweifle, dass sie mich wählen werden).

Ich habe festgestellt, dass das Gegenmittel gegen Zweifel nicht unbedingt darin besteht, zu glauben, dass etwas passieren wird, sondern offen für die Möglichkeit zu sein, dass es passieren könnte.

Würden Sie zustimmen, dass, wenn nur eine Person das erreicht, was Sie sich wünschen, es auch Ihnen passieren könnte? Es ist möglich.

Als ich zur Bank ging, um mir die Hypothek für meine Eigentumswohnung am Wasser genehmigen zu lassen, war ich mir der „Realität" bewusst, dass die Bank normalerweise den Nachweis von drei Jahren Gewinn verlangt, um sich zu qualifizieren. Ich konnte nur drei Monatsgewinne nachweisen, die hoch genug waren, um mich für eine so große Hypothek zu qualifizieren.

Ich hätte mich auf das konzentrieren können, was ich nicht hatte und hätte mich auf das konzentrieren können, was ich über Bankkredite gehört hatte. Außerdem hätte ich sagen können: „Ich möchte wirklich dort leben, aber ich glaube nicht, dass die Bank mir die Hypothek bewilligen wird." Ich bin mir sicher, dass meine Familie und meine Freunde mir zugestimmt hätten und mich mit ihren Erzählungen in meinen Zweifeln bestärkt hätten.

Obwohl ich mir nicht sicher war, ob der Bankdirektor mir auf der Grundlage dieser drei Monatseinkommen die Hypothek bewilligen würde, glaubte ich daran, dass er es aus einem unbekannten Grund schaffen könnte, und konzentrierte meine Gedanken auf diese reale Möglichkeit.

Es war interessant zu sehen, wie der Bankdirektor die Zahlen auf seinem Taschenrechner rechnete – er verarbeitete die „Fakten“ und sein Gefühl dafür, wozu ich in der Lage war. Vielleicht war es ein wenig ängstlich, dass er seinen Glauben an mich ausdrückte, als er schließlich aufblickte und sagte: „Wenn Sie Ihre jetzige Wohnung für diesen Betrag verkaufen und die Wohnung am Wasser für diesen Betrag kaufen können, gehört sie Ihnen. Normalerweise muss ich drei Jahre Einkommen sehen, um eine Hypothek in dieser Höhe zu genehmigen, aber ich bin der Bankdirektor!”.

Was wünschen Sie sich ganz klar für Ihr Leben? Welche Träume haben Sie in Gedanken oder Worten ausgedrückt, gegen die Sie sich mit Zweifeln gewehrt haben? Was wollen Sie wirklich? Wenn Sie bereit sind, offen für die Möglichkeit zu bleiben, es zu erhalten, werden Sie es bekommen.

DAS GESETZ DER ANZIEHUNG KENNT KEIN NEIN ODER NICHT

Das Gesetz der Anziehung hört nicht die Worte „nicht, nein oder ja" nicht – es reagiert nur auf Ihre Gefühle (Ihre Stimmung) zu diesem Thema.

Haben Sie sich jemals gefragt, warum wir manchmal etwas bekommen, das wir eigentlich nicht wollten? Die Leute sagen mir oft: „Ich habe es nicht gewollt!"

Tatsächlich denken manche Menschen, dass das Gesetz der Anziehung „für mich nicht funktioniert", wenn sie etwas anziehen, das sie nicht in ihrem Leben haben wollten – aber es funktioniert. Das Gesetz der Anziehung hört nämlich nicht die Worte „nicht oder nein".

("Das will ich nicht." „Das will ich nicht haben." „Das will ich nicht mehr!") es reagiert nur auf Ihre Gefühle (Ihre Stimmung) zu diesem Thema. Wenn der Gedanke an eine bestimmte Situation Sie verärgert, bringt Ihnen das Gesetz der Anziehung MEHR verärgerte Situationen.

Hier ist eine Geschichte, die mir ein Leser geschickt hat und die zeigt, was ich meine:

Ich war gestern Abend auf einer Wohltätigkeitsveranstaltung (für die ich 50 Euro bezahlt habe) und habe dann weitere 20 Euro für Tombola Lose für verschiedene Preise gespendet. Die Idee war, mein Los in die Schale mit dem gewünschten Preis zu stecken. Nun, keiner der Preise war für mich interessant. Ich steckte mein Los in die Schale, die mir am besten von allen dreien erschien. Und als ich das tat, sagte ich zu mir selbst: „Ich hoffe wirklich, dass ich diesen dummen Haarschnitt nicht gewinne.“ Dann wurde mir klar, dass es mehr als drei Preise gab, und ich war enttäuscht, dass ich mein Los in diese Schale gelegt hatte, aber es war zu spät, es zurückzunehmen.

Wenn ich also etwas nicht will, wie kann ich dann vermeiden, es in mein Leben zu ziehen?

Indem ich diese einfache Frage beantworte: „Wenn ich das nicht will. ... Was will ich dann?”

Manchmal dauert es eine Weile, eine positive Antwort auf diese Frage zu formulieren, aber sich die Zeit dafür zu nehmen, ist der EINZIGE Weg, um zu verhindern, dass Sie das anziehen, was Sie nicht wollen.

Was will ich, wenn ich keine Kunden haben will, die zu spät zu unseren Sitzungen kommen? Ich möchte Klienten, die pünktlich oder zu früh kommen.

Was will ich, wenn ich keine Kunden suche, die für meine Dienstleistungen bezahlen? Ich möchte Kunden, die meine Dienstleistungen gerne pünktlich per Kreditkarte oder Scheck bezahlen.

Wenn ich mir nicht klar darüber werde, was ich will, werde ich nach dem Gesetz der Anziehung immer wieder das anziehen, was ich nicht will –, bis ich mich auf etwas anderes konzentriere, das ich anziehe. Ich möchte (standardmäßig) meinen Fokus nicht.

Fällt Ihnen etwas ein, das sich in Ihrem Leben immer wieder ereignet hat? Wenn ja, nehmen Sie sich ein paar Minuten Zeit – nur 5 oder 10 Minuten – und machen Sie diese Übung:

1. Schreiben Sie auf ein Blatt Papier, was sich bei diesem Ereignis wiederholt. Schreiben Sie auf, was passiert und wie Sie sich dabei fühlen, nur das zu bekommen, was ich nie wieder will.

2. Fragen Sie sich dann: Wenn ich nicht will, dass das wieder passiert, was will ich dann tun? Oder wenn ich vermeiden möchte, dass ich mich wieder so fühle, wie möchte ich mich dann fühlen?

Machen Sie sich ein Bild, eine Vorstellung oder ein Gefühl davon, wie Sie es gerne hätten. Finden Sie die Worte, die am korrektesten ausdrücken, was Sie sich wünschen, und schreiben Sie sie zu Papier. Wenn Sie das tun, werden alle Ihre Sinne so stark angesprochen, dass Sie automatisch Ereignisse und Situationen anziehen, die Ihnen mehr Freude bereiten.

Wie ist die zeitliche Koordination

Sie haben gefragt; das Universum tut seine Arbeit; es antwortet. Deine Arbeit besteht darin, zu dem Punkt zu gelangen, an dem du es mit Freude empfängst.

Die Einstellung, die wir haben, ist: „Das Universum richtet es genau richtig aus und das Timing wird genau richtig sein. Und ich mache nichts falsch. Ich tue alles genau richtig. Und im perfekten Timing, einem Timing, das ich noch gar nicht richtig sehen kann, wird das passieren. Und in der Zwischenzeit habe ich nichts anderes zu tun."

Wie kommt es, dass Sie sich auf all die Dinge einlassen, die nichts mit Ihnen zu tun haben? Das Gesetz der Anziehung ist ein großes Gesetz. Wenn du das nächste Mal denkst: „Ich sollte eine weitere Affirmation schreiben oder eine weitere virtuelle Realität machen. Ich muss etwas tun, nicht denken, ich muss etwas Falsches tun. Was ich will, ist: „Wir sagen, du musst dich entspannen. Was du tun musst, ist dich zu entspannen und zu akzeptieren, dass du deine Arbeit getan hast. Du hast gefragt; das Universum tut seine Arbeit; es antwortet. Eure Arbeit besteht darin, an den Punkt zu gelangen, an dem ihr sie freudig empfangt.

Sie können nicht beurteilen, wann es kommt, wo es kommt oder wie es kommt. Mit anderen Worten: Sie akzeptieren, dass es mit dieser auf Vertrauen basierenden Einstellung kommen wird und dass alles gut sein wird, während Sie es tun.

Wenn es dann wirklich so weit ist, spielt es keine Rolle, wie lange es dauert – aber es dauert dann nicht mehr lange. Wenn du sagen kannst: „Es ist mir egal, wie lange es dauert“, dann bist du da! Und dann braucht es keine Zeit mehr. Aber solange es darauf ankommt, wie lange es dauert, bist du nicht da – und es wird lange dauern.

Fülle gedeiht in einer Atmosphäre der Integrität

DAS UNIVERSUM AKZEPTIERT KEINE FÄLSCHUNGEN

Es gibt keine Möglichkeit, INTEGRITÄT zu fälschen. Entweder sind Sie INTEGRITÄT und bieten eine reine positive Schwingung an, auf die das Gesetz der Anziehung reagiert, oder Sie sind nicht integer und erzeugen eine negative oder gemischte Schwingung, die das Gesetz der Anziehung nicht ignorieren kann.

Hier ist eine wahre Geschichte, die zeigt, was mit unserer Schwingung passiert, wenn wir nicht mehr INTEGRITÄT haben.

Nach unserer gestrigen Coaching-Sitzung war ich ziemlich optimistisch und freute mich darauf, ein Preispaket vom Radiosender zu gewinnen.

Nachdem ich meinen Preis abgeholt hatte, sah ich Spyware, ein Elektronikgeschäft, und beschloss, die Preise mit einem Artikel zu vergleichen, den ich gestern im Radio gekauft hatte. Spyware hatte denselben Artikel für 10,00 € weniger im Angebot, also kaufte ich ihn mit der Absicht, den ersten Artikel beim Radio zurückzugeben. Als ich die beiden Produkte verglich, waren sie identisch, mit denselben Strichcodes und Verpackungen. Mir fiel jedoch auf, dass das Kabel des billigeren Artikels einige Zentimeter kürzer war als das des teureren Artikels.

Ich beschloss, das Produkt mit dem kürzeren Kabel (das von Spyware gekaufte) an Radio zurückzuschicken und das Originalprodukt zu behalten. Auf diese Weise spare ich 10,00 € und behalte das bessere Produkt.

Nachdem der Angestellte den ganzen Papierkram erledigt hatte, fühlte ich mich sehr schuldig. Aber dann dachte ich mir, dass es zu spät sei, etwas dagegen zu tun, und sagte mir, dass ich dieses Schuldgefühl einfach loslassen müsse. Was für eine Art, meine hohen Schwingungen zum Stillstand zu bringen. Ich erinnerte mich daran, dass ich deshalb solche Dinge gar nicht erst tun sollte, weil ich nicht nur nicht mit der Schuld leben kann, sondern weil ich mir jetzt auch noch meiner Schwingung bewusst bin, und das führt zum Abstieg.

Jedes Mal, wenn wir etwas tun, das nicht mit unseren Grundwerten übereinstimmt, fühlen wir negative Emotionen, die uns daran hindern, die wahren Wünsche unseres Herzens zu erfüllen.

Das Gegenmittel ist einfach: Sei ehrlich, bezahle alle Schulden, gib zurück, was du dir geliehen hast, sprich freundlich über andere und halte dein Wort. Mit anderen Worten: Tun Sie nichts, was den Fluss der reinen positiven Energie zu Ihnen behindert. Bleiben Sie sich selbst treu, und Sie werden den Weg dafür öffnen, alles zu erhalten, was Sie glücklich macht.

Derselbe Klient hatte die Gelegenheit, es auf energetischer Ebene „richtig“ zu machen. Wieder schrieb er:

Ich fühlte mich schlecht, als ich in mein Büro zurückkehrte und mir dann einfiel, dass ich zur Bank musste. Ich ging zum Geldautomaten und es waren 40,00 € im Schlitz. Jemand hatte vergessen, sie nach Abschluss der Transaktion wieder herauszunehmen. Sie hatten auch vergessen, ihren Bankbeleg mitzunehmen. Ich nahm beides aus dem Automaten und steckte es in meine Tasche, während ich meine Bankgeschäfte erledigte.

Nun stand ich vor dem moralischen Dilemma, was ich mit dem gefundenen Geld tun sollte. Eigentlich wollte ich das Geld behalten, da ich hoch verschuldet bin und alle meine Kreditkarten fast voll sind. Ich versuchte zu rationalisieren: Auf dem Bankbeleg ist die Kontonummer nicht angegeben, sodass er nicht zurückverfolgt werden kann, aber er besagt, dass die Person ein Guthaben von 195,00 € hatte, was nicht sehr viel ist.

Jetzt erinnerte ich mich daran, wie ich mich gefühlt hatte, als ich einmal selbst 20 € am Geldautomaten gelassen hatte und zurückkam, aber es war weg.

Ich beschloss daraufhin, in die Bank zu gehen und die 40 € bei einem Bankangestellten zu lassen. Während ich in der Schlange wartete, kam eine andere Dame in die Bank und sagte mir, dass ich meine Karte im Geldautomaten vergessen hatte, also ging ich zurück, um sie zu holen. Dann kam sie zurück und sagte, ich hätte meinen Bankbeleg im Automaten vergessen. So verblüfft war ich!

Jedenfalls habe ich das Geld zusammen mit meiner Visitenkarte einem Bankangestellten gegeben, und jetzt geht es mir viel besser.

Ich habe das Gefühl, dass das Universum mir nicht nur die Gelegenheit gegeben hat, mich zu rehabilitieren, sondern auch meine Schwingung zu ändern, nachdem ich in der Vergangenheit etwas getan hatte, das mir ein schlechtes Gefühl gab.

Das ist wahr. Diese Klientin zeigt die wunderbare Wirkungsweise des Gesetzes der Anziehung: Ihre wichtigste Absicht war es, eine hohe Schwingung zu erzeugen, damit sie mehr Geld anziehen und ihr Leben genießen kann.

Das Gesetz der Anziehung arrangierte eine Gelegenheit (das Thema des Radios). Ihre Handlungen bei der ersten Gelegenheit senkten ihre Schwingung, was sich nicht gut anfühlte. Also stellte sie ihre Absicht wieder so ein, dass sie sich gut fühlte, und das Gesetz der Anziehung bot ihr eine weitere Gelegenheit zum Handeln, die sich besser anfühlte.

Manifestation ist absolut real

Manifestation gibt es schon so lange, wie es Menschen gibt.

Der Prozess der Manifestation existiert seit den Anfängen der Menschheit. Seine Macht ist absolut, und wenn Sie lernen, richtig zu manifestieren, ist alles, was Sie sich wünschen, Ihre Wünsche zu erhalten.

Im Laufe der Jahrhunderte haben viele führende Persönlichkeiten und gewöhnliche Menschen, ob religiös oder nicht, die Fähigkeit bewiesen, scheinbar nichts zu manifestieren, was für den Moment notwendig war. Brote und Fische, große Reisen, militärische Eroberungen und ein Leben in großem Luxus waren das Ergebnis von Manifestationen. Diese großen Ereignisse in der Geschichte der Menschheit gibt es, weil die Urheber mit letzter Gewissheit beschlossen haben, sie existieren zu lassen. Die Menschen, die große Ereignisse vollbrachten, waren erleuchtete Meister der Manifestation; ihre Macht steht auch Ihnen zur Verfügung.

Manifestation ist ein Prozess, bei dem Umstände, Wirkungen oder Material geschaffen oder zugelassen werden. Der erste Schritt ist eine bewusste Entscheidung und die absolute Überzeugung, zuzulassen, dass das, was Sie wirklich wollen, Wirklichkeit wird. Dieser Prozess kann erst beginnen, wenn Sie genau wissen, was Sie wirklich wollen. Vage Vorstellungen führen zu vagen Ergebnissen, wenn überhaupt.

Sobald Sie bestimmt und definiert haben, was Sie sich unbedingt wünschen, sei es Ruhm, Glück, Liebe, inneren Frieden oder etwas anderes, kann die Manifestation beginnen. Sie müssen jedoch in der Lage sein, sich auf das zu konzentrieren, was Sie sich wünschen, und nicht auf den Mangel daran. Wenn du

Zeit damit verbringst, dir etwas zu wünschen, das nicht da ist, setzt du deine ganze Energie darauf, mehr von dem zu schaffen, was nicht da ist. Für die meisten Menschen ist eine angemessene Schulung erforderlich, um ihre Gedankenenergie zu lenken. Glücklicherweise wurde das Material bereits für Sie gesammelt, denn das Durchsuchen jahrhundertealter Schriften von Manifestation-meistern würde einen großen Teil Ihres Lebens in Anspruch nehmen.

Sie müssen lernen, sich im gegenwärtigen Moment ohne Ablenkung oder Widerstand zu konzentrieren. Ihre Gedanken dürfen nicht durch eingebildete Sorgen oder Ängste über das, was passieren könnte oder nicht, verwässert werden. Wenn Sie all Ihre Energie bündeln und sich das schlimmste Szenario einer Existenz vorstellen, die Sie wirklich nicht wollen, werden Sie ein Eigenleben bekommen, das Sie möglicherweise, anstelle dessen, manifestieren, was Sie wollen.

Die Kontemplation dessen, was im Moment nicht existiert, ist der Grund, warum Sie mit der Praxis Ihrer Manifestation beginnen. Deshalb muss dieser immens mächtige Prozess auf die richtigen Ziele hin trainiert werden. Nach der Quantenphysik kann nichts jemals erschaffen oder zerstört werden, also muss alles bereits existieren. Sie müssen lernen, wahrheitsgetreu und akkurat das richtige Ergebnis zu manifestieren, oder Sie zerstören Ihr Leben in diesem Prozess. Viele Menschen mit einem enormen wahrgenommenen Potenzial verbringen ihr Leben damit, ziellos umherzuwandern. Sie konzentriere sich auf den Mangel an Wohlstand, anstatt auf den unerschöpflichen Reichtum, der bereits im gesamten Universum existiert und jedem zur Verfügung steht, der Zugang zu den Schlüsseln hat.

Wenn Ihre Gedankenenergie in die richtigen Bahnen gelenkt wird, kann nichts, was Sie sich vorstellen können, nicht von Ihnen erschaffen werden. Alles, was Sie sich jemals erträumt haben, wartet darauf, dass Sie sich entscheiden und für sich selbst manifestieren. Manifestation ist eine allmächtige Kraft, mit der nicht gerechnet werden kann, wenn sie einmal in Gang gesetzt wurde. Lernen Sie die absolute Realität der Manifestation kennen, und alles, wonach Sie sich sehnen, können Sie annehmen.

MANIFESTIEREN SIE IHRE WÜNSCHE

Ihre Gedanken, die Sie denken, haben Auswirkungen auf Ihre äußere Welt.

Ich könnte es mir von Anfang an einfach machen und sagen, dass Sie Ihre Wünsche bereits jeden Tag manifestieren, es Ihnen nur nicht bewusst ist. Die meisten Menschen sind unbewusste Schöpfer. Sie gehen durch ihr tägliches Leben, ohne zu wissen, dass die Gedanken, die sie denken, Auswirkungen auf ihre äußere Welt haben. Das Gesetz der Anziehung, das wohl wichtigste Gesetz der Schöpfung, besagt, dass alle Formen von Materie und Energie von dem angezogen werden, was in Schwingung ist. Das bedeutet, dass die Gedanken, die wir haben, ähnliche Gedanken anziehen und zu größeren Gedankenmassen werden, die wir Gedankenformen nennen.

Was bedeutet das für Sie? Einfach ausgedrückt: Sie bekommen das, worauf Sie sich konzentrieren. „Aber ich denke immer nur an Geld, und ich habe nie etwas", sagen Sie. Und das liegt daran, dass Sie sich nie auf die Fülle in Ihrem Leben konzentrieren, sondern immer auf den Mangel an dem, was Sie haben. Das ist es, was Sie in Ihr Leben anziehen. Wenn ihr euch auf eine Sache konzentrieren könntet und euch vorstellt, wie aufgeregt, ihr wärt, wenn ihr sie schon hättet, würde sie in relativ kurzer Zeit in eurem Leben auftauchen.

Die Welt, die Sie sehen, ist nur ein Spiegelbild der Gedanken, die Sie in sich tragen. Ändern Sie Ihre Gedanken, und Sie ändern die Wahrnehmung Ihrer Welt. Die Quantenphysik lehrt uns, dass nichts unabhängig von Ihrer Wahrnehmung existiert. In Wirklichkeit können Sie wählen, was Sie sehen. Deshalb werden mehrere Personen, die dasselbe Ereignis beobachten, unterschiedliche Meinungen darüber haben, was wirklich geschehen ist.

Wenn Sie Ihre Wünsche verwirklichen wollen, müssen Sie einige Schritte befolgen.

An erster Stelle steht, dass Sie wissen, was Sie wirklich wollen. Je genauer Sie sich darüber im Klaren sind, desto einfacher wird es sein, Ihr Ziel zu erreichen.

Nummer zwei: Je enthusiastischer, aufgeregter und gefühlsbetonter Sie über etwas sind, desto schneller wird es in Ihrem Leben auftauchen.

Als Nächstes müssen Sie es zulassen, dass es in Ihr Leben kommt. Damit meine ich, dass Sie nicht erwarten, dass es auf eine bestimmte Art und Weise kommt, wann, wo oder wie. Lassen Sie es einfach in Ihr Leben fließen.

Und schließlich sollten Sie im Voraus ein Gefühl der Dankbarkeit entwickeln, um vor und für das, was Sie sich wünschen, dankbar zu sein.

Viel Glück bei Ihrer Manifestation.

MANIFESTATION IST DAS, WAS WIR VON NATUR AUS TUN.

Wir manifestieren auf natürliche Weise, ob wir uns dessen bewusst sind oder nicht.

Manifestation ist das, was wir von Natur aus tun, und sie manifestiert sich in allen Facetten unseres Lebens, ob wir uns dessen bewusst sind oder nicht.

Ob Sie inspiriert oder uninspiriert sind, Sie haben es erschaffen. Wenn Sie alle Ihre Gedanken und Gefühle zu einem bestimmten Thema aufschreiben würden, könnten Sie wahrscheinlich feststellen, welche Gedanken und Gefühle zu den Ergebnissen geführt haben, die Sie gerade erleben.

Es ist möglich, dies bewusster zu tun und diese Ergebnisse mit Ihren Gedanken und Gefühlen in Verbindung zu bringen.

Fangen Sie im Kleinen an, betrachten Sie Dinge in Ihrem Leben und überlegen Sie einen Moment lang, welche Gedanken und Gefühle Sie in diesem Bereich hatten. Das ist interessant.

Zunächst mag es etwas vage erscheinen, wenn Sie beginnen, das Puzzle zusammenzusetzen und sich an Gedanken und Gefühle zu erinnern, die sinnvoll wären, um dieses Ergebnis zu erreichen, aber Sie sind sich nicht sicher. Wenn Sie diese Fähigkeit üben, werden Ihnen die Zusammenhänge immer klarer.

Oft sind es unbewusste Gedanken, die die Erschaffung von Dingen steuern, aber wenn Sie Ihre Gedanken und Gefühle beobachten, werden Sie in der Regel ihre Präsenz und ihren Inhalt bemerken.

Vielleicht folgen sie Ihren positiven Gedanken, vielleicht sind es aber auch nur wiederkehrende einschränkende Gedanken, die vor langer Zeit entstanden sind. In jedem Fall sollten Sie ihnen vorerst keine Beachtung schenken und weiterhin an die Gedanken und Gefühle denken, die Sie sich wünschen.

Wenn Sie an die Dinge denken, die Sie sich wünschen, und Ihr Bestes tun, um sich dabei gut zu fühlen, wird Ihre Schwingung angehoben und Sie kommen dem Ziel näher.

Wenn Sie negative Gedanken oder Gefühle erleben, erkennen Sie sie einfach als das an, was sie sind, und konzentrieren Sie sich wieder darauf, sich bei dem, was Sie wollen, gut zu fühlen. Negative Gefühle haben wenig Macht, wenn Sie sich nicht mit ihnen beschäftigen oder ihnen Energie geben.

Wenn Sie sich weiterhin positiv auf das konzentrieren, was Sie wollen, baut sich die Kraft in diese Richtung auf und die Energie beginnt zu fließen, um diese Dinge zu schaffen. Dies ist ein natürlicher Prozess.

Konzentrieren Sie sich also auf das, was Sie wollen, und fühlen Sie sich gut dabei. Das hebt die Schwingung Ihrer Energie in Richtung schöner Dinge an.

Wenn Sie sich schlecht fühlen, erkennen Sie einfach, dass sich Ihr Fokus auf ein altes Muster oder einen alten Gedanken verlagert hat, und bringen Sie ihn sanft zu dem zurück, was Sie denken und fühlen wollen.

Lassen Sie die Energie sich aufbauen, bis das, was Sie wollen, geliefert wird. Seien Sie offen für Dinge, die Sie erregen, denn das können die ersten Schritte der Erfüllung sein.

Seien Sie anfangs sanft zu sich selbst, denn es kann einige Zeit dauern, neue Gewohnheiten zu entwickeln, und Ihre Gedanken können schweben, ohne dass Sie es merken. Konsequente Bemühungen um Selbstliebe bringen großartige Ergebnisse und verändern Ihr Leben.
Genießen Sie Ihre Manifestationen!

DIE SPIRALE DER MANIFESTATION

Eine kraftvolle Technik, um Ihre Anziehungskraft und Absicht zu nutzen.

Die „Spirale der Manifestation“ ist eine kraftvolle energiebasierte Technik, die Ihnen helfen kann. Sie ist ein wunderbares Werkzeug, auf das Sie jederzeit und unter allen Umständen zugreifen können.

Das Gesetz der Anziehung besagt, dass Energie, wenn sie ausgeht, in die gleiche Form zurückkehrt. Das ist keine neue Theorie, nur eine, die noch nicht vollständig verstanden oder gemeistert wurde. Unsere Gedanken und energetischen Muster erschaffen unsere Realität. Sind wir uns jedoch vollständig bewusst, was wir denken und welche Art von Energie wir aussenden? Auf einer oberflächlichen Ebene mag man „denken“, dass man eine Sache tut – aber auf einer anderen, mächtigeren Ebene geht in Wirklichkeit etwas anderes vor sich. Das erzeugt Verzerrungen in unseren Energiefeldern und lässt unsere Manifestationskraft stagnieren. Schauen wir uns einige Beispiele an, um diese Theorie zu veranschaulichen.

Sie möchten einen romantischen Partner in Ihr Leben ziehen. Dies ist ein sehr tiefer Wunsch und etwas, das Sie sich von ganzem

Herzen wünschen. Sie machen sich also auf den Weg, um dieses Ziel mit spiritueller Hilfe und Prinzipien zu erreichen. Sie verwenden Affirmationen, schreiben eine Liste mit Ihren Wünschen für einen Partner auf, zünden Kerzen an und beten. Oberflächlich betrachtet, scheint dies eine sehr positive Übung zu sein. Aber lassen Sie uns einen Moment lang betrachten, was hinter den Kulissen passiert – auf einer tieferen Ebene in Ihrem Energiefeld. Was sind Ihre „wahren" Gedanken? Warum hat sich die Beziehung nicht manifestiert? Was ist der Stau?

Die Realität ist, dass Sie im Moment keine Beziehung in Ihrem Leben haben. Sie sind allein. Wenn Sie sich nachts umdrehen, gibt es niemanden, der Sie hält. Sie gehen aus und sehen all diese glücklichen Paare, die herumlaufen, und das macht Sie traurig und neidisch.

Du erzeugst einen „Kampf" oder eine Energieverzerrung. Außerdem sagst und versuchst du ständig, eine Sache zu denken – aber eine andere Realität taucht in deinem Leben auf. Wenn Sie dies bemerken, verstehen Sie einfach, dass Sie einige Gedankenformen und energetische Muster haben, die festgefahren sind. Dies schafft „Neutralität".

Das Erste, was Sie in diesem Fall tun müssen, ist, realistisch zu sein. Derzeit leben mehr als 7,5 Milliarden Menschen auf diesem Planeten! Es gibt jemanden, der für sie da ist. Hören Sie auf, sich selbst zu bemitleiden, das trägt nur zur Verzerrung bei. Freuen Sie sich für andere Menschen, dass sie einen passenden Partner für sich gefunden haben. Sie haben nur noch nicht die richtige Person getroffen. Punkt.

Benutze die „Spirale der Manifestation", um jegliche Blockaden in deinem Energiefeld aufzulösen. Wenn Sie spüren, dass Sie traurige Gefühle überkommen, stellen Sie sich eine wunderschöne Spirale aus Energie vor. Sie kann jede Farbe und Größe haben, die Sie wünschen. Ich sehe sie als ein tornadoförmiges Energiefeld. Ich stelle sie mir gerne in einer hellen silbernen oder weißen Farbe vor, denn das steht für Reinheit. Lassen Sie es einfach die Traurigkeit auflösen. Versuchen Sie nicht, die Energie in einer Weise zu lenken. Lassen Sie die Erfahrung einfach zu. Lassen Sie die Spirale reinigen, wo immer Gefühle auftauchen. Ihre Gedanken fließen und die schöpferische Kraft des Universums braucht Ihre Hilfe nicht. Vertrauen Sie auf Ihr eigenes höheres Selbst und die unbegrenzte Kraft der Schöpfung, die Sie durch diesen Prozess führen. Loslassen. Der Schöpfer weiß, was Sie wollen und was Sie benötigen. Darauf müsst ihr vertrauen. Gehen Sie sich selbst aus dem Weg.

Ein weiteres Beispiel für diese Theorie ist Reichtum. Wie jeder andere wollen auch Sie große Dinge. Sie möchten in der Lage sein, Ihre Rechnungen zu bezahlen und viel Geld übrigzuhaben, um sich zu kaufen, was Sie wollen, und um Ihre Familie jetzt und in Zukunft zu versorgen. Das ist also das Ziel, unseren Wohlstand zu vergrößern.

Sie fangen an, Affirmationen zu machen, positiv zu denken und sich vorzustellen, was Sie tun wollen. Nach etwa einer Woche der Affirmationen und des positiven Denkens – raten Sie mal? Sie sind immer noch pleite! Du hast gerade erst dein Geld bekommen und schon ist es weg! Aber du sagst weiter deine Affirmationen. Der Kampf geht weiter. Was wir tun, funktioniert nicht. Und warum? Es funktioniert nicht, weil es einen energetischen Konflikt gibt. Wir werden wütend: „Ich sage immer wieder all diese Affirmationen und denke an positive Gedanken, und trotzdem habe ich kein Geld." Denken Sie wirklich positive Gedanken? Was geht in Ihrem Kopf vor? Glauben Sie, was Sie sagen? Wut bringt uns aus dem natürlichen Fluss.

Seien Sie zuerst realistisch. Es gibt überall unbegrenzten Reichtum. Es gibt keinen Mangel. Der Mangel liegt in Ihrer mentalen Programmierung. Ändern Sie Ihre Sicht der Dinge. Wenn Sie Angst haben, Ihre Rechnungen nicht bezahlen zu können und das Geld, das Sie brauchen, einfach nicht da ist, nennen Sie es die „Spirale der Manifestation". Sehen Sie, wie sie in Ihr Energiefeld eindringt und alle Verzerrungen und Unwahrheiten beseitigt. Bald werden Sie viele wunderbare Ideen finden, wie Sie Wohlstand manifestieren können. Die Kreativität wird fließen, und neue und aufregende Möglichkeiten werden sich Ihnen bieten.

Öffnen Sie sich für die unbegrenzte schöpferische Kraft des Universums. Denken Sie daran, dass es keine Unzulänglichkeiten oder Beschränkungen gibt. Das gilt für persönliche Beziehungen, Geld, Gesundheit, usw. In einem „festgefahrenen" Raum zu sein, verbraucht eine Menge Energie – es blockiert Ihre Fähigkeit zu erschaffen und verursacht Müdigkeit. Sobald Ihr Energiefeld frei von Blockaden und Verzerrungen ist, werden Sie sich energiegeladener und kreativer fühlen. Nutzen Sie die Manifestation-Spirale", um Ihren Geist und Ihre Energie zu klären, damit Sie die unbegrenzten Segnungen empfangen können, die Ihnen zur Verfügung stehen.

Paula Richard ist eine professionelle Hellseherin und spirituelle Lehrerin, die ihre Intuition und 20 Jahre Erfahrung nutzt, um Sie dabei zu unterstützen, das Leben zu erschaffen, das Sie sich wünschen. Paula glaubt, dass in Ihnen die Kraft steckt, Ihre Wünsche zu manifestieren.
Dies ist First Things to Do.

EINE WAHRE LIEBESGESCHICHTE

Diese Geschichte wurde mir von einem engen Freund aus den USA zugesandt, ich möchte sie Ihnen nicht vorenthalten.

Es ist die Geschichte zweier gebrochener Herzen, die geheilt und geheiligt wurden und dann miteinander verschmolzen sind – auf der Stelle, und es ist eine Geschichte über wahre Liebe.

Jeder, der aus einer zerrütteten Familie stammt, kennt den Schmerz einer Scheidung. "Ich war siebenundzwanzig Jahre alt, als sich meine Eltern scheiden ließen, und obwohl manche Leute meinen, dass ein Mensch nicht von solchen Dingen betroffen" sein sollte, wenn er erwachsen wird, kann ich Ihnen versichern – ich war es! Ich war schockiert, als sich meine Eltern scheiden ließen". Es gab keine Vorwarnung, ich hatte keine Ahnung. Aber an dem Tag, an dem mein Vater meiner Mutter mitteilte, dass er ausziehen würde, spürte ich eine große Angst in mir – so groß, dass ich meinem Mann sagte: „In Kalifornien stimmt etwas nicht, es ist etwas Schreckliches passiert, ich möchte zu Hause anrufen." Wenn man bedenkt, dass ich dreitausend Meilen entfernt auf einer abgelegenen Insel im Norden Kanadas war, als ich diese Angst spürte, kann man sich vorstellen, dass ich tief betroffen war.

Schmerz und Verwirrung wurden zu ständigen Begleitern, während ich versuchte, zu „verstehen", was geschehen war – nach wessen Maßstäben machte er von seinem Recht Gebrauch, sie zu verlassen? Was hatte sie getan, das so schrecklich war, dass er nicht mehr mit ihr zusammenleben konnte? Ich hatte Fragen und stellte sie fast jedem in meiner Umgebung. Ich stellte Gott dieselben Fragen und erkannte, dass mein Leben ziemlich verkorkst war. Als ich mich mit Gott immer wohler fühlte, suchte ich in der Bibel nach „der Antwort" auf all meine Fragen über meinen Vater. Da er früher Baptistenprediger gewesen war, war ich sicher, dass er wusste, was die Bibel zu einem so wichtigen Thema sagt, und dass er sich daran halten würde.

Etwa zwei Jahre nach der Scheidung versammelte sich die ganze Familie in Kalifornien – zu einem dieser GROSSEN Versöhnungsversuche – und ich war sicher, dass mein Vater auf Gottes Wort hören würde. Ich griff nach meiner Bibel und sagte: „Dad, sieh mal, was Gott zu dem sagt, was du tust." Bevor ich die sorgfältig ausgewählte Bibelstelle finden konnte, die dieses Chaos aufklären würde, stand er auf und verfluchte mich, die Bibel und die ganze Familie lauthals. Dann ging er hinaus. Unnötig zu sagen, dass wir alle unter Schock standen. Der Schock über diese Verfluchung dauerte lange an – achtzehn Jahre für mich und zwanzig Jahre für meinen Bruder und meine Schwester.

Achtzehn Jahre sind eine lange Zeit. Denken Sie darüber nach. Normalerweise dauert es achtzehn Jahre, um die Highschool abzuschließen.

In achtzehn Jahren spielt sich ein ganzes „Leben" an Ereignissen ab. In diesen Jahren war der Kontakt zu meinem Vater minimal.

Eine Karte von ihm zu meinem Geburtstag, Weihnachtskarten, der eine oder andere Anruf, der den Schmerz immer wieder aufflammen ließ. Irgendjemand hörte von etwas, was er tat, und es wurde wochenlang wieder zum Thema unserer Gespräche. Meine Mutter hörte nie auf, über ihn zu sprechen. Sie hat ihn nie losgelassen.

Während dieser langen, schmerzhaften Trennung hielt meine Mutter ihre Beziehung zu Gott und zu meinem Vater aufrecht. Sie las in der Bibel, ging in die Kirche, kümmerte sich um uns Kinder und liebte ihre Enkelkinder. Sie arbeitete als Sekretärin und sparte ihr Geld, damit sie niemandem zur Last fallen würde, wenn sie in Rente ging. Aber sie war immer davon besessen, über meinen Vater zu sprechen.

Ich würde sagen, dass die meisten unserer Gespräche über ihn kostbar waren. Schließlich lasen wir unsere Bibeln; wir wussten, dass das, was er getan hatte, falsch war. Sie hatte nichts getan, was die Bibel als Scheidungsgrund anerkannte. Als er zum dritten Mal heiratete, wussten wir, dass er nicht zu ihr zurückkehren würde. Dennoch waren seine Taten und ihre Auswirkungen auf unser Leben häufig Thema unserer Gespräche.

Nach vielen Jahren gab ich die Hoffnung auf, dass mein Vater sich jemals mit seiner Familie versöhnen könnte. Ich bezweifelte, dass er überhaupt ein Christ war. Ich hielt ihn für einen völlig verlorenen, unmoralischen, labilen, widerwärtigen Menschen. Das war eine stockdunkle Zeit für mich. Allmählich gewöhnte ich mich an die Dunkelheit in meiner Seele – sie schien normal zu sein.

Mutter ging in den Ruhestand und zog zu uns, um in der Nähe meiner Familie zu sein. Sie hatte viel von der Erziehung meiner fünf Kinder verpasst und wollte sie kennenlernen.

Sie kaufte eine Eigentumswohnung zwei Blocks von meinem Haus entfernt, und die Kinder genossen es, „Oma" so nah zu haben. Ein Jahr nach ihrem Umzug wurde bei ihr die Lou-Gehrig-Krankheit diagnostiziert.

Die Lou-Gehrig-Krankheit war ein Todesurteil. Es gab keine Heilung. Es gab keine Behandlung. Ich verbrachte vier Monate damit, Gott zu bitten, meine Mutter zu heilen. Schließlich kam die

Antwort: „Hilf ihr zu sterben." Ich akzeptierte ihre Diagnose und tat alles, was ich konnte, um ihr zu helfen.

Ich wünschte, ich könnte Ihnen sagen, dass ich ein „guter kleiner Christ" war, der Gott jeden Tag für seine gerechten Urteile lobte und dankte – aber die Wahrheit ist, dass ich Gott infrage stellte.

Es war wirklich ungerecht von ihm, dachte ich, meinen Vater freizulassen, da er derjenige war, der seiner Familie dieses große Unrecht angetan hatte, und meine Mutter diesen grausamen Tod sterben zu lassen. Schließlich fragte ich Gott: „Wie siehst Du diese Situation?" Die Antwort, die er in mein Herz sprach, sollte eines Tages unser aller Leben verändern.

Etwa ein Jahr nach dem Tod meiner Mutter spürte ich, wie sich etwas in mir regte – es war der Wunsch, meinen Vater zu sehen.

In den langen achtzehn Jahren der Trennung hatte ich ihn nur ein einziges Mal zu mir nach Hause eingeladen, und während dieses Besuchs hatte ich erneut – und erfolglos – versucht, ihn mit der Bibel zu konfrontieren. Ich hatte keinen Grund zu glauben, dass ein weiterer Besuch anders ausgehen würde, aber ich erfüllte mir diesen Wunsch trotzdem und lud ihn zu einem langen Wochenende ein.

Mein Vater kam bewaffnet mit seinem Arsenal an Rechtfertigungen. Er wusste, was er von mir zu erwarten hatte. Ich hatte nichts Konkretes geplant, um ihn damit zu konfrontieren – das brauchte ich auch nicht, ich hatte eine ganze Liste von Beleidigungen, die ich jederzeit verwenden konnte. Das Wochenende verlief also unangenehm, aber unauffällig.

Ich hatte keine Ahnung, dass der Geist meiner Mutter (Spirit) uns auf kraftvolle Weise heimsuchen würde. Ich lud auch zwei gute Freunde zum Mittagessen ein.

Sie leiten eine Gebetsgruppe, an der ich teilnahm, und ich hoffte, sie würden meinem Vater etwas „Wichtiges" sagen. Wenn nicht, war es eine Möglichkeit, andere, meinen Vater kennenzulernen und den Mann zu sehen, der mich so verletzt hatte.

Wir saßen an meinem Esstisch, als ein Freund anfing, die Geschichte eines jungen Soldaten in Napoleons Armee zu erzählen, der zum Deserteur geworden war, gefasst wurde und nun dem Erschießungskommando gegenüberstand.

Die Mutter dieses jungen Mannes kam zu Napoleon und bat um Gnade für ihren Sohn. Napoleon antwortete: „Er hat keine Gnade verdient." Daraufhin plädierte die Mutter: „Aber, Herr, wenn er es verdient hätte, wäre es keine Gnade!", was dem Jungen das Leben rettete, Napoleon begnadigte ihn.

Nachdem er diese Geschichte erzählt hatte, sagte der Freund: „„Ich weiß nicht, warum ich diese Geschichte erzählt habe. Sie kam mir einfach in den Sinn."

Während er sprach, spürte ich ein seltsames Hitzegefühl in meinem Kopf und meiner Brust. Ohne zu zögern, sagte ich: „Ich weiß, warum gerade diese Geschichte". Ich wandte mich an meinen Vater und sagte leise: „Papa, als meine Mutter starb, hatte ich das Gefühl, dass Gott sehr ungerecht war. Also habe ich ihn gefragt, was er zu der Situation zu sagen hat. Würdest du gerne hören, was Gott zu sagen hatte? Über dich und Mum? „Es war still im Raum und ich sah, dass mein Vater Angst hatte, es zu erfahren. Aber nach ein paar Augenblicken sagte er: „Ja, ich weiß".

Ich konnte spüren, wie die Hitze in ihm aufstieg, als er tief in seine Seele griff, um diese Worte zu finden. „Ich konnte deine Mutter nicht heilen, weil sie nicht verzeihen wollte", sagte er. Aber sieh die Wunden im Herzen deines Vaters und habe Mitleid mit ihm". „In dem Moment, als er diese Worte sprach, traf uns beide die Kraft des Geistes meiner Mutter ‚wie ein Blitz'. Wir standen auf, schoben unsere Stühle vom Tisch zurück und fielen uns schluchzend in die Arme.

Nach einer Weile des Weinens und Küssens setzten wir uns

wieder – auch die beiden anwesenden Freundinnen weinten – und mir wurde klar, dass ich mich an kein einziges dieser Vergehen auf meiner „Liste“ erinnern konnte. Die ganze Liste war aus meinem Gedächtnis gelöscht – und fünf Jahre später ist sie immer noch weg! (Sogar 10 Jahre später.)

Von diesem Tag an hatten mein Vater und ich eine Beziehung, die weit über eine bloße „Versöhnung“ hinausging.

Über

den Autor Carlos Mateo

Als er geboren wurde, herrschte Kriegsstimmung und etwas

später begann der 2. Weltkrieg. Nach dem Studium Landwirtschaft, Großhandelskaufmann und Betriebswirtschaft arbeitete er in verschiedenen Firmen in Deutschland und in Italien.

Dann wanderte er mit seiner Familie nach Südamerika aus. Nach über 15 Jahren zurück nach Deutschland, es gab dort eine Revolution und einen Machtwechsel.

Sein erstes Buch schrieb er 1998, verlegte es selbst und verkaufte es im Eigenverlag. Der Titel "Alternativen bei der Krebsbehandlung", 400 Exemplare wurden verkauft.

In der Corona-Krise hat er wieder zum Schreiben angefangen. Sein letztes Buch „Vergiss was war, fang einfach neu an“ in Deutsch und" A love on crooked legs, Lupita" ein Buch in Englisch über einen kleinen Hund „Lupita“, das Buch ist in Farbe, es gibt es auch in Spanisch und Deutsch.

www.ingramcontent.com/pod-product-compliance
Lightning Source LLC
LaVergne TN
LVHW052044160826
845678LV00015B/3105

* 9 7 9 8 4 8 9 8 6 0 8 0 2 *